W0374094

LES HUÎTRES ME FONT BÂILLER

DU MÊME AUTEUR

Dans la même collection :

Laissez tomber la fille.
Les souris ont la peau tendre.
Mes hommages à la donzelle.
Du plomb dans les tripes.
Des dragées sans baptême.
Des clientes pour la morgue.
Descendez-le à la prochaine.
Passez-moi la Joconde.
Sérénade pour une souris défunte.
Rue des Macchabées.
Bas les pattes !
Deuil express.
J'ai bien l'honneur de vous buter.
C'est mort et ça ne sait pas !
Messieurs les hommes.
Du mouron à se faire.
Le fil à couper le beurre.
Fais gaffe à tes os.
A tue... et à toi.
Ça tourne au vinaigre.
Les doigts dans le nez.
Au suivant de ces messieurs.
Des gueules d'enterrement.
Les anges se font plumer.
La tombola des voyous.
J'ai peur des mouches.
Le secret de Polichinelle.
Du poulet au menu.
Tu vas trinquer, San-Antonio.
En long, en large et en travers.
La vérité en salade.
Prenez-en de la graine.
On t'enverra du monde.
San-Antonio met le paquet.
Entre la vie et la morgue.
Tout le plaisir est pour moi.
Du sirop pour les guêpes.
Du brut pour les brutes.
J'suis comme ça.
San-Antonio renvoie la balle.
Berceuse pour Bérurier.
Ne mangez pas la consigne.
La fin des haricots.
Y a bon, San-Antonio.
De « A » jusqu'à « Z ».
San-Antonio chez les Mac.
Fleur de nave vinaigrette.
Ménage tes méninges.
Le loup habillé en grand-mère.
San-Antonio chez les « gones ».
San-Antonio polka.
En peignant la girafe.
Le coup du père François.
Le gala des emplumés.
Votez Bérurier.
Bérurier au sérail.
La rate au court-bouillon.
Vas-y Béru !
Tango chinetoque.
Salut, mon pope !
Mange et tais-toi.
Faut être logique.
Y a de l'action !
Béru contre San-Antonio.
L'archipel des Malotrus.
Zéro pour la question.
Bravo, docteur Béru.
Viva Bertaga.
Un éléphant, ça trompe.

Faut-il vous l'envelopper ?
En avant la moujik.
Ma langue au Chah.
Ça mange pas de pain.
N'en jetez plus !
Moi, vous me connaissez ?
Emballage cadeau.
Appelez-moi, chérie.
T'es beau, tu sais !
Ça ne s'invente pas.
J'ai essayé : on peut !
Un os dans la noce.
Les prédictions de Nostrabérus.
Mets ton doigt où j'ai mon doigt.
Si, signore.
Maman, les petits bateaux.
La vie privée de Walter Klozett.
Dis bonjour à la dame.
Certaines l'aiment chauve.
Concerto pour porte-jarretelles.
Sucette boulevard.
Remets ton slip, gondolier.
Chérie, passe-moi tes microbes !
Une banane dans l'oreille.
Hue, dada !
Vol au-dessus d'un lit de cocu.
Si ma tante en avait.
Fais-moi des choses.
Viens avec ton cierge.
Mon culte sur la commode.
Tire-m'en deux, c'est pour offrir.
A prendre ou à lécher.
Baise-ball à La Baule.
Meurs pas, on a du monde.
Tarte à la crème story.
On liquide et on s'en va.
Champagne pour tout le monde !
Réglez-lui son compte !
La pute enchantée.
Bouge ton pied que je voie la mer.
L'année de la moule.
Du bois dont on fait les pipes.
Va donc m'attendre chez Plumeau.
Morpions Circus.
Remouille-moi la compresse.
Si maman me voyait !
Des gonzesses comme s'il en pleuvait.
Les deux oreilles et la queue.
Pleins feux sur le tutu.
Laissez pousser les asperges.
Poison d'Avril, ou la vie sexuelle de Lili Pute.
Bacchanale chez la mère Tatzi.
Dégustez, gourmandes !
Plein les moustaches.
Après vous s'il en reste, Monsieur le Président.
Chauds, les lapins !
Alice au pays des merguez.
Fais pas dans le porno...
La fête des paires.
Le casse de l'oncle Tom.
Bons baisers où tu sais.
Le trouillomètre à zéro.
Circulez ! Y a rien à voir.
Galantine de volaille pour dames frivoles.
Les morues se dessalent.
Ça baigne dans le béton.
Baisse la pression, tu me les gonfles !
Renifle, c'est de la vraie.
Le cri du morpion.
Papa, achète-moi une pute.
Ma cavale au Canada.
Valsez, pouffiasses.
Tarte aux poils sur commande.
Cocottes-minute.
Princesse Patte-en-l'air.
Au bal des rombières.
Buffalo Bide.
Bosphore et fais reluire.
Les cochons sont lâchés.
Le hareng perd ses plumes.
Têtes et sacs de nœuds.
Le silence des homards.

Y en avait dans les pâtes.
Al Capote.
Faites chauffer la colle.
La matrone des sleepinges.
Foiridon à Morbac City.
Allez donc faire ça plus loin.
Aux frais de la princesse.
Sauce tomate sur canapé.
Mesdames vous aimez « ça ».
Maman, la dame fait rien qu'à me faire des choses.

Hors série :

L'Histoire de France.
Le standinge.
Béru et ces dames.
Les vacances de Bérurier.
Béru-Béru.
La sexualité.
Les Con.
Les mots en épingle de Françoise Dard.
Si « Queue-d'âne » m'était conté.
Les confessions de l'Ange noir.
Y a-t-il un Français dans la salle ?
Les clés du pouvoir sont dans la boîte à gants.
Les aventures galantes de Bérurier.
Faut-il tuer les petits garçons qui ont les mains sur les hanches ?
La vieille qui marchait dans la mer.
San-Antoniaiseries.
Le mari de Léon.
Les soupers du prince.
Dictionnaire San-Antonio.
Ces dames du Palais Rizzi.

Œuvres complètes :

Vingt-trois tomes parus.

SAN-ANTONIO

LES HUÎTRES ME FONT BÂILLER

OUVRAGE RECONNU D'INUTILITÉ PUBLIQUE

Six fois primé au concours de flatulences et borborygmes de Vichy.

Médaille d'or aux floralies hépatiques de Saint-Symphorin-sur-Coise.

Prix national des édicules bouchés de Dizimieu-les-Tronches.

Mention spéciale de l'Académie des Pétomanes aérophagiques.

Couronné par la Confrérie des Taste-burnes de Boulogne-sur-Seine.

Palme d'or de la Grivoiserie décernée par Mme la Comtesse de Paris.

En vente dans toutes les pharmacies et dans certaines librairies spécialisées dans ce que tu sais.

FLEUVE NOIR

Le Code de la propriété intellectuelle n'autorisant, aux termes de l'article L. 122-5 (2° et 3° a), d'une part, que les « copies ou reproductions strictement réservées à l'usage privé du copiste et non destinées à une utilisation collective » et, d'autre part, que les analyses et les courtes citations dans un but d'exemple et d'illustration, « toute représentation ou reproduction intégrale ou partielle faite sans le consentement de l'auteur ou de ses ayants droit ou ayants cause, est illicite » (art. L. 122-4).
Cette représentation ou reproduction, par quelque procédé que ce soit, constituerait donc une contrefaçon sanctionnée par les articles L. 335-2 et suivants du Code de la propriété intellectuelle.

© 1995 Éditions Fleuve Noir.

ISBN 2-265-05436-4
ISSN : 0768-1658

A Gilbert Coudene et Patrick Commecy et à toute l'équipe de « La Cité de la Création », ces magiciens qui font de l'illusion une réalité.

San-Antonio

L'OBÈSE PERD SA QUEUE DE VUE.

PARTIE

DÉCLARÉE NULLE
ET NON AVENUE
PAR L'AUTEUR

CHAPITRE

— Oui, dis-je, il est là et je vous le passe.

Je brandis le combiné à l'intention de messire Béru par-dessus le burlingue. Il l'empare en questionnant :

— C'est qui est-ce-t-il ?

— Une dame, évasivé-je ; quelqu'un de bien qui rote en parlant et ne commet que trois fautes de français par phrase.

Le Gravos se met à nettoyer l'écouteur avec les poils qui lui jaillissent de l'oreille droite. Instantanément, sa face avenante se crispe.

— Caisse y t'a permis d'm'appeler, vérole ? demande l'Affable du village. Ne t'ai-je point-il dit qu'j'vous interdisais d'm'recauser jamais, toi et ton fumier d'mec ? J'vous aye avertis qu'si qu'on s'rencontrererait par hasard, j'lu r'ferais un' tête d'un mèt'cube carré comme la dernière fois qu'on s'est vus ! Et qu'à tézigue, j't'enfilrerais vingt centimètes de ma godasse dans l'oigne, manière d't' dégager les voies respiratoires !

Lui qui ne sait parler sans tonitruer, voilà qu'il s'exprime doucement, d'un ton feutré. Visiblement, le cher homme est en proie à un terrifiant courroux. Une rogne souterraine, grondante, pour tout dire implacable.

Cette attitude m'inquiète. Béru papelard, Béru doucereux dans sa férocité ressemble aux prémices d'un séisme de forte magnitude. Je l'ai rarement vu drapé dans cette froideur vénéneuse. Elle annonce de puissantes modifications en cours. L'homme abrite des bouleversements annonciateurs d'extrêmes calamités.

Son interlocutrice place une tirade qui, sans doute, se veut plaidoyeuse, mais qui glisse sur la rogne du Gros comme une chandelle de foutre sur la cuisse d'une péripatéticienne. Lorsque sa correspondante s'interrompt pour approvisionner ses poumons en agent de la respiration inodore, incolore et sans saveur, mon sublime ami remonte au créneau :

— Que vous fussassiez dans la merde, toive et ton pourri, j'en aye tristement rien à cirer, la mère ! Pour bien t'faire comprende : j'vous verrerais étendus su' la route, l'bide ouvert du sesque au menton, j'm'content'rais d'faire un grand pas pour éviter d'salir mes targettes, comprends-tu-t-il bien ? J'pourrais avoir pitié d'un cancrelat, à la rigueur porter s'cours à un'vipère qui s'est faite décapiter les pattes par une faucheuse ; mais lever l'p'tit doigt pour vous arracher d'une citerne emplille d'vitriol, c't'hors d'question. Alors fais-moi plus chier et dégage : tu souilles un'ligne téléphonique pour erien !

Il s'apprête à raccrocher mais stoppe son geste, fasciné par la survenance d'une individue en laquelle je reconnais lady Berthe, sa femme bien-aimée.

Berthe en Majesté.

Isabeau de Bavière à la Foire du Trône !

Elle porte une robe rouge sang, à manches gigot noires, agrémentée d'une broche aussi grosse qu'un projecteur, mais beaucoup plus lumineuse. Innovation sans précédent dans la saga béruréenne : la dame a sacrifié sa chevelure de jument poulinière pour suivre cette mode ridicule qu'un glandu de coiffeur a inventée à l'intention de connasses qui n'hésitent pas à pratiquer l'automutilation afin de se rendre (croient-elles) intéressantes. La nuque rasée est surmontée de tifs teints dans une couleur différente ; en l'occurrence, les cheveux rasibus du bas sont bruns alors que sont blonds ceux du haut. L'ensemble donne à la Bérurière l'aspect d'un vieux travelo obèse, probablement germanique, participant au carnaval de Francfort. Elle produit un maquillage en parfaite harmonie avec les extravagances que je viens de mentionner, à savoir que son fond de teint est d'un blafard crayeux de clown blanc, ses cils et sourcils d'un noir qu'avec ma hardiesse coutumière, je qualifierais « de jais », sa bouche d'un carmin si ardent qu'en l'apercevant, un toro de corrida en chierait dans son froc ainsi que le torero.

Ce n'est pas une entrée, c'est une apparition ! Il faut avoir essuyé un choc de cette force pour savoir si l'on est apte ou non à s'engager dans les Brigades rouges ou à épouser Madonna.

L'Opulente dégage, surtout quand elle est en mouvement, une odeur de boucherie africaine et d'œillets en décomposition avancée.

— Raccroche pas, Sandre ! fait-elle sourdement, je croive piger à qui est-ce tu causes !

L'époux demeure comme pétrifié par cette arrivée inattendue, si intense et singulière. Il est rarissime que sa bien-aimée se risque en nos locaux, auxquels elle préfère les hôtels de passe du quartier Saint-Lazare ou le salon de coiffure de leur ami Alfred, le Rital séducteur.

D'un geste délibéré, elle cueille le combiné dans la main plantureuse du Gros et le hisse jusqu'aux sièges de ses principaux sens.

— C'est toive, Grabote ? demande-t-elle. Moui ? J'en étais sûre, rien qu'à la gueule de Sandre. Tu l'as z'appelé un poil trop tôt : j'ai été r'tenue dans un hôtel d'la rue d'Provence où mon couturier m'a fait choisir l'tissu d'la robe qu'j'doive mett' pour la communion d'Apollon-Jules. C'est l'plus grand modéliste d'Mantes-la-Jolie. Y travaille beaucoup à cause d'la promiscuité des usines Renault. J'ai choisi un modèle discret, très striste : un imprimé vert sur lequel y a des dahlias bleus et des potirons rouges ; tu croirerais un'chose esclusive pour la reine d'Angleterre qu'a tant d'goût.

« Pour t'en r'viendre à Sandre, faut qu'je vais lui parler. C't'un homme emporté mais qu'a un excellent fond. Bon comme le saindoux ! Le cœur su' la main. Y donn'rait son slip à un pauv' s'il en porterait un. Impatiente-toi pas, j'vais y causer, y espliquer. C'est pas pace qu'vous avez fait des conn'ries jadis qu'y faut vous traiter toute la vie comme des pariates. Vous avez rédemptionné d'puis. L'moment est v'nu d'passer l'éponge. Hein, Sandre ? Qu'est-ce tu marmottes ? Qu'c'est dans la raie d'mes miches qu'tu vas la passer, l'éponge ? Boug d'dégueulasse ! Çui-là, la galanterie française, connaît pas. Dire qu'j'traîne ce gugus d'puis des temps immémorials alors qu'j'étais conçute pour l'grand monde.

« Fais-toi pas d'mouron, ma Grabote, j'les arrangerai, vos bidons. Puisqu' ce gros sac à merde a sa tête de bois, qu'il aille se chier ! J'vas d'mander à m'sieur San-Antonio d'nous viendre en aide. T'as entendu causer d'lu ? Mouais : c't'un héros dans son genre. L'plus grand flic de France, et, en tout cas du monde. Y t'va décortiquer vot' sac de nœuds en deux coups de cuiller à apôtre, n'est-ce pas, Antoine ? Il me fait signe qu'oui av'c ses yeux charmeurs.

« Quand seriez-vous-t-il libre deux trois jours, Antoine ? Comment ? Pour aller où est-ce ? A Oléron. C'est bien dans les Alpes-Maritimes, Grabote ? Non ? Dans les Charentes : j'sus pas passée loin. Comment disez-vous, Santantonio ? Demain ? Formidable ! On arrive demain, Grabote, préviens ton homme. L'adresse c'est quoi est-ce ? La Branlée-sur-Mer, près de la plage des nudistes ? J'me réjuive d'connaît'. Et vot'établissement s'appelle comment ? *La Barque su' l'Toit ?* Drôle de nom. Comment ? Ah ! y s'nomme ainsi biscotte y a une barque de pêche su' l'toit ? Ça doive faire curieux. Allez, tchauve, ma puce, à d'main ! »

La Baleine raccroche. Des rubis scintillent dans ses prunelles : les larmes de l'émotion.

Elle considère, à travers cette gélatine, mon bureau où nous ne sommes plus que deux.

— Sac-à-merde est parti ? demande calmement la poutrone.

— Dans un silence de mort, confirmé-je. J'avoue que je ne l'ai jamais vu à ce point courroucé : il ne parvenait plus à parler !

— Alors, qu'il la ferme, ça nous r'posera les

oreilles. C'qu'il a, c'est qu'il a pas d'commune mesure ! assure Berthe.

Elle remet en place son nichon gauche qui jouait à l'avalanche hors de son monte-charge.

— Que vous acceptassiez d'viendre au s'cours d'ma chère sœur, Antoine, je l'oubliererai jamais.

— Si vous me racontiez ce dont il s'agit, douce amie ? J'avoue ne pas comprendre grand-chose à cette affaire.

Elle croise si haut ses jambons que j'aperçois sa cressonnière.

— Tout d'sute, mon cher. V'là l'histoire...

CHAPITRE

— Mon cher, attaque-t-elle d'une voix vélocipédique, faite pour durer longtemps, je suis d'extradition modeste. Mon père était rétameur d'son état, et y s'rétamait lu-même deux fois par jour, sauf l'dimanche où qu'y se ramassait trois peintures plus belles qu'au musée. Ma mère, elle, f'sait rempailleuse d'chaises. Elle éclusait moins qu'mon vieux, c'est pourquoive elle a eu une cirrhose plus douce, d'au lieu que mon papa, son foie a pratiquement éclaté un jour qu'il a confondu l'flacon d'alcool à brûler d'avec sa bouteille d'calva-pays-d'Auge.

« D'famille, on s'croiliait seules, ma sœur et moive. Vous l'avez connue, ma Poupette ? Elle avait eu une polio carabinée au moment d'sa puberté et ps'ait cent trente kilos. Y avait fallu mett' des brancards à son fauteuil pour pouvoir la déplacer. Un voltaire, biscotte vu son obésance, l'était pas question d'faire rentrer son énorme cul dans un' chaise roulante. On s'la coltinait comme si c'serait été une maharajeuse, et j'vous prille d'croire qu'on chopait des brandillons d'déménageurs d'pianos ! Ah ! la vache ! Enfin, on a fait ce qu'on a puve.

« Moi, dès qu'j'ai eu raté l'certificat d'études j'm'ai placée bonne d'bistrot et j'ai z'eu la chance d'tomber su' m'sieur Finfin, un bougnat estrêment cultivé qui m'a vergée d'entrée d'jeu. Un tempérament d'Cosaque, il avait. A tout bout d'champ, y me d'mandait d'descende à la cave av'c lui pour des rangements. Y avait une trappe dans l'plancher, un escalier de bois très casse-gueule. Y passait galamment l'premier, moi derrière. Quand il était arrivé en bas, y m'attendait, m'stoppait à mi-hauteur et m'ôtait ma p'tite culotte dont afin d'me brouter les herbes potagères. Ce qu'j'm'rappelle, m'sieur Finfin, c'est c't' langue d'caléméon qu'il avait : longue et d'une agileté estraordinaire. Y t'vous la promenait d'la porte d'devant à la port' d'derrière qu'on eusse cru qu'il en avait vingt. Et en vrille, si vous verreriez c'que je veux dire, Antoine ? Vous voiliez ? J'en étais sûre : un homm' tel qu'vous !

« Mais j'm'écarte, av'c m'sieur Finfin. J'vous en r'viens à chez nous. Un soir, le père rent' d'son boulot. Contrairement à d'habitude, y n'avait rien éclusé. L'avait l'air grave. Y nous réunit autour du brancard à Poupette et y attaque : « Faut qu'j'vous cause dans l'sérieux, les morues. V'là : y a douze ans, j'm'ai tiré un' fille qui logeait au-d'ssus d'mon atelier : la petite Borduré, une pauv' gosse orpheline et tubarde et j'y ai collé un chiare. Elle l'a pondu à l'Hôtel-Dieu sans faire d'histoires. L'a élevé d'son mieux en travaillant courageusement à l'usine. Parfois, j'lu filais un peu d'fraîche pour qu'elle jointasse les deux bouts. A m'd'mandait rien, notez, Cosette, dans son genre. Et v'là qu'elle vient d'canner et qu'on va mett' sa gosse à l'insistance publique. Du coup, j'dis non : haltète-là ! Pas d'ça,

Louisette ! C't'orpheline on va la recueillellir à la maison et finir d'l'élever. Au cas qu'ça déplaira à l'une d'entre vous, elle le dit et c'est elle qui débarrasse l'plancher av'c un coup de latte dans les miches pour presser l'mouvement. Si on n'aurait pas un peu d'cœur, la vie n'sererait plus qu'un tas d'merde. Y a des abjections dans l'assistance ? Non ? Adjugé ! La gosse dormirera av'c Berthe et la mère va deviendre sa s'conde maman, l'Seigneur le lu rendrera. »

« Alors, continue la narratrice, c'est comme ça que Grabote a venu s'installer parmi nous. C'est ma demi-frangine, si on voudrait bien considérer les choses, n'empêche qu'j'l'ai bien aimée. L'était gentille tout plein, Antoine, cherchant toujours à m'faire plaisir. Tenez, j'vous prends, quand elle préparait des carottes pour la soupe, la plus belle, é m'la mettait, bien épluchée, sous mon oreiller, pour ma branlette du soir. Ça part d'un bon sentiment, ne me dites pas !

« Mais j'attarde au lieu d'aller droit z'au but. Le temps a passé. Le vieux a esplosé d'son alcool à brûler, comme j'vous l'ai dit. Après lui, m'man qu'était une crème, a continué d's'occuper de Grabote. É f'sait partille d'la maison, quoive ! Un jour j'ai rencontré c'gros sac à gadoue d'Bérurier. Il avait une queue d'enfer : j'l'aye épousé pour pas laisser échapper une bite pareille plutôt que par amour ! Y débutait dans la police : agent à la circulation, et l'avait comme collègue inséparab' Ambroise Paray, un garçon pas mal d'sa personne qui v'nait de Bourg-Hersent, près d'Laval (1). J'ai bien renouché illico qu'y s'en ressentait pour ma

(1) Astuce strictement réservée aux érudits.

d'mi-frangine. Bien qu'é fussasse jeune, il y a fait une cour acidulée et l'a mariée l'jour d'ses dix-huit ans révolutionnaires.

« J'doive reconnaît' qu'ça été une bonne période d'not vie. Les jeunes mariés habitaient dans not' cuisine en attendant d'trouver un appart'ment. On f'sait des bamboulas monstres, les soirs qu'ces messieurs n'étaient pas d'service ; les autres aussi d'alieurs, mais sans eux. J'avais à cœur l'éducance d'ma p'tite frangine. J'y montrais comment t'est-ce on ch'vauche un homme tout en prenant un s'cond braque dans l'oigne. C'sont des choses qu'ont l'air d'rien, mais qu'une jeune mariée doit connaît' si elle voudra pas avoir l'air gourdasse dans les réceptions.

« Et puis ils ont trouvé un logement, ach'té une bagnole, biscotte Ambroise v'nait d'faire un héritage conséquent. Du moins, c'est ce qu'il nous racontait. C'est l'époque qu'y offrait des montres en or à sa femme et qu'y nous invitait dans les grands restaus. En dehors du travail, il se saboulait milord à la Samaritaine d'Lusc. Fallait l'voir frimer au volant d'sa Chambord d'occase, faire chatoiner sa ch'valière, commander du champ' à tout propos. On était gênés d'sortir av'c eux. Grabote portait des toilettes rupines et s'prenait pour une riche héritière d'feuilleton télé.

« La belle vie a duré près d'deux piges. Et puis un jour : la cata, Antoine ! V'là qu'on découvre le poteau rose... Ambroise était un voiliou et profitait d'son nuniforme pour cambrioler des appartes vides. Quand y tombait sur un os, y prétendait courser un malfrat et s'esbignait. L'a fini par s'faire coincer un' nuit qu'il mettait à cul-de-sac la maison d'un diplomate qu'est rentré chez lui à l'improvisé et l'a nazé propre-en-ordre au moilien d'un spray soporifique qu'il portait toujours sur lui...

« J'vous raconte pas la furereur du Gros quand est-ce il a appris ça, Antoine. D'en plus, appelé comme témoin chez l'juge d'instruction, ça f'sait riche ! V'savez ce qu'il a fait, Sandre ? L'est arrivé longtemps en avance à la convocance et a attendu dans l'couloir. Quand le beauf s'est pointé, ent' deux bourdilles, m'nottes z'aux poignets, mon homme y a sauté su' le poil et, malgré ses collègues, lu a filé une branlée si terrib' qu'on en cause encore au Palais d'Justice. Y a fallu hospitaler Ambroise. Alexandre-Benoît a passé en conseil d'discipline. Vu ses brillants états d'service, y s'en est tiré avec qu'un blâme. »

— Je sais, me manifesté-je après un long silence ; c'est même moi qui suis intervenu en sa faveur, car je connaissais déjà Alexandre-Benoît, lequel m'avait prêté main-forte au cours d'un hold-up contré.

On laisse filocher le silence des réminiscences, après quoi, la Belle Utérus repart en jactance.

Elle dit :

— Le beauf s'est morflé cinq piges, et ma frangine, accusée de complicité, six marcotins. Elle m'a écrite de prison pour s'escuser ; chaque fois, Sandre prenait un' crise d'apoplexiglas et m'obligeait d'bouffer sa lettre, y comprise l'enveloppe. Vous ne pouvez pas savoir l'à quel point il a le sens d'l'honneur développé, c'gros con, Antoine. Quand Grabote a sorti du séchoir, sa peine tirée, elle a voulu appeler. Manque de pot, Béru s'trouvait chez nous à la sute d'une balle qu'il s'était effacée dans la cage toxique ;

on avait deux postes à la maison et y la suiville not' converse.

« J'm'rappelle Grabote sanglotait, j'la consolais d'mon mieux. Et v'là la voix du gros porque qui nous casse la palabre : « Je vas buter ! il annonce. Si la vermine veuille prend' contact, j'dégaine mon arm' d'service et j'arrose ; j'm'en branle d'passer aux assiettes ! » Affolée, Grabote a raccroché sans m'avoir donné ses coordinations. D'puis, é n's'est jamais plus manifestée avant c'matin. J'ignorassais c'qu'y z'étaient dev'nus, son homme et elle. »

Je considère avec sympathie ce visage issu du cinéma muet, germanique, sous son plâtre. Je me dis qu'après ce long préambule on va peut-être entrer à la queue leu leu dans le vif du sujet. Car tout ce que je sais du couple maudit c'est que, bravant les colères apoplectiques de Béru, il réclame son assistance. Ma conclusion est que sa motivation doit être bien grande pour qu'il coure un tel risque.

— Je suis suspendu à vos lèvres, ma Berthe, lui susurré-je.

Elle mouille, si j'en juge au doux clapotis en provenance de son hémisphère austral. Me roule des lotos prêts à me sortir le numéro gagnant. Passe sur ses labiales une menteuse charnue qu'elle préférerait promener sur mon gland. Des langueurs océanes glissent en zéphirant sur sa large face qu'on devine rubescente malgré son maquillage blafard. Elle se concentre, ce qui la fait gagner en densité.

— Ce matin, fait-elle, très tôt, et tandis qu'Alexandre-Benoît posait culotte, le téléphone a sonné. Je décroche...

— Vous avez bien fait ! la complimenté-je.

— Vous savez qui était-ce-t-il ?

— Votre demi-sœur ? hasardé-je, prenant tous les risques.

— Exaguetement, reconnaît l'Ogresse sans dissimuler son admiration pour ma perspicacité. Vous pigez tout à demi-mot, Antoine, c't'un d'vos charmes.

Je lui propose une mimique modeste qui ne fait qu'attiser son admiration, laquelle, pour être démesurée, n'en est pas moins méritée.

Berthe passe sa main lavandière entre ses jambes cochonnouses.

— Fixez-moi pas comme ça, je vous en supplille, ça m'fait craquer de tous les bords. C'qué doivent s'régaler les dames qu'vous grimpez, Antoine.

— D'une façon générale, elles ne se plaignent pas, conviens-je.

Elle soupire à 2 kg 4 de pression.

— J'donnerais tous les Sandre et tous les Alfredo du monde pour pâmasser dans vos bras, cloaque la donzelle. Pourquoi t'est-ce on le réaliserait-il pas, c'beau rêve d'amour ?

— Parce que Béru est mon ami.

Elle hoche la tête, caresse sa moustache qui frise sous la couche de fard et déclare :

— Sans vouloir vous porter atteinte, Antoine, j'trouv' qu'les hommes ont trop d'principes. Vous m'emplâtrereriez, ça changerait quoi-ce à vos r'lations av'c c'gros sac à merde ?

— Tout ! coupé-je sèchement. A présent, si vous voulez bien me raconter l'histoire...

Soupir du bovidé déçu qui repart dans son récit :

— Donc, le bigophone tinte et c'est ma frangine. L'émotion qu'j'aye r'ssentie en reconnaissant sa voix. Rien qu'd'en causer j'ai l'cœur qui débloque ; v'v'lez toucher ?

— Inutile, je le vois battre d'ici. Alors ?

— L'avait la voix chavirée, Grabote, plein' d'sanglots, poussait des cris historiques. « Oh ! Berthe, ma Berthe ! elle gueulait. Qu'est-ce on a-t-il fait au Seigneur pour mériter une malédiction pareillement semblab' ? »

« Moi, mallarmée tout' pleine, j'lu conjurais d'me mett' au courant : « Cause-moi, ma puce dis-moi tout. Qu'est-ce y est arrivé ? » « J'peux pas parler de ça au téléphone, c'est trop terrible, ma Berthe. Mais je te le demande, faut que ton homme vienne nous aider. Dis-lui qu'on s'est rachetés du passé. On était jeunes, inexpérimentés ; Broise voulait me faire la vie douce, tu comprends ? Il s'est laissé entraîner. Mais il a payé et s'est relevé comme tu peux pas savoir. Remise de peine pour bonne conduite. A sa sortie, on est allés dans les Indes, lui et moi, donner un coup de main à Mère Teresa. Dix-huit mois ! Hélas j'ai chopé des microbes, et y a fallu qu'on parte dans des régions plus saines : on a choisi, le Canada. Là-bas, espère, on a travaillé dur dans le Grand Nord, à dépecer des renards argentés. On mettait l'artiche de côté ; on s'achetait rien, ne prenait pas de vacances. Quand on a eu ramassé assez de fric, dans le zef et le froid, on a rentré en France et, avec notre carbi, on a pris une gérance de pension de famille à l'île d'Oléron où Broise passait ses vacances jadis. Je te prie de croire qu'on trime dur, les deux, sans personne pour nous aider. On vit gentiment. Je vais à la première messe le dimanche et le maire nous honore de son amitié ; pour te dire... »

La Grosse torche ses yeux comme deux culs de vache.

— C't'une rédemp'terie, vous ne prétendererez pas l'contraire, Antoine ?

— On le dirait, conviens-je pour lui faire plaisir. Alors ?

— Alors la pauv' gosse, à travers ses sanglots longs, m'apprend qu'il leur arrive une calamité. Elle a r'fusé d'm'en causer au turlu biscotte c'tait trop grave. « Quand la chose va se découvrir, il est certain que mon jules se fera serrer, avec ses antécédents. Faut tout de suite que quelqu'un de compétent dans la Rousse vienne nous retirer du caca. On a pensé à Sandre parce qu'il est de notre famille qu'il le veuille ou non. Mon pauvre Broisy voulait se pendre après avoir découvert le... la chose. L'avait déjà une corde au cou dans le hangar ; je l'ai sauvé in extremis. Alexandre est un brave homme, il ne veut tout de même pas avoir la mort d'un beauf sur la conscience, si ? »

A l'évocation d'un pareil discours, les larmes oléagineuses de la Baleine creusent des voies navigables dans son fond de teint de preneuse de pafs.

Je perçois, à travers le bruit marécagesque de sa peine, l'exhortation ci-après :

— Antoine, même à un nègre qui s'noiererait dans un mendigot empesté d'crocodiles, vous tendereriez un' perche, non ? Moive, au nom d'vot' chère maman qu'est la marraine d'Apollon-Jules, j'vous enconjure d'aider ma pauv' sœur. Si vous accep'teriez d'les sortir du trou, j'vous consacrererais l'restant d'mon éguesistence. J'repassererais vot'linge, je lavererais vot' bagnole, j'vous léchererais les testibules, tout, Antoine ! Tout : j'deviendrererais vot' esclave.

— Calmez-vous, ma bonne : je ne vous en demande pas tant !

CHAPITRE

Dans l'aimable avion à hélice qui nous emporte à Bordeaux (ville célèbre pour ses Girondins), je regarde l'infini en grande sérénité, me confiant au charme alambiqué d'une méditation qui passerait pour philosophique si elle était signée Bernard-Henri Lévy, de l'Académie française. J'évoque le cosmos, grouillant d'étoiles et de planètes si vertigineusement grosses que, comparée à elles, la Terre n'est qu'une orange (1). Et ces mondes monstrueux sont atrocement vides. Des espaces infinis (pense à ce mot, essaie de lui donner une signification) où s'accomplit la valse du néant ne recèlent aucune vie. Ils sont pétrifiés et nous, blottis sur cette boule de billard qui tourne dans la ronde, sommes perdus, élus, punis de vie ! On fait pousser des fleurs et des tours Eiffel. On peint la Joconde. On chope le sida. On aime, on meurt, on rit, on boit du Château Pétrus. On s'encule, on s'atomise, se décore. On devient Gaston Dunœud ou Victor Hugo. On va vérifier que la Lune est bien déserte. On croise en Dieu, on découvre l'Amérique, le four à micro-ondes, le couteau Opinel, le

(1) Je ne me rappelle plus le nom du con qui a trouvé ça.

théorème de Pythagore, la pénicilline. On bâtit les Pyramides, le pont de Brooklyn, des châteaux en Espagne. On fait des guerres, et puis des guerres et encore d'autres guerres, sans réfléchir qu'on est désespérément seuls et que tuer un vivant équivaut à se tuer soi-même. On oublie ce formidable, cet INCONCEVABLE environnement de cailloux au centre duquel nous dérivons, pauvres naufragés élus. Dérivons à corps complètement perdus.

Alors je cesse de perdre mon entendement dans les nues pour considérer notre monde-radeau qui verdoie, poudroie et merdoie à l'étage au-dessous.

Berthaga ronfle à mon côté, ce qui transforme momentanément notre zinc en trimoteur. Comme elle est merveilleusement terrienne ! C'est pour elle que Dieu a créé « tout ça ». Elle l'ignore, la pauvrette, mais jouit de ce formidable usufruit. Elle s'est inondée d'un parfum terrible qui réveillerait une marmotte en plein mois de janvier. Il me picote les naseaux et me conduit sur les rives de l'éternuement chronique.

Nous nous sommes retrouvés à la raie-au-porc de bonne heure. Clientèle d'hommes d'affaires. Passagers avec attachés-cases qui sentent le talc parfumé. L'hôtesse n'est guère vergif. Du carat. Ses heures de vol déconcertent. Elle est peut-être déjà grand-mère, va savoir, Charles ! Pattounes-d'oie, lèvres craquelées par l'usure, œil morose de dame que la méno chicane. Elle me demande si je reveux du caoua. Je refuse, ayant eu quelque difficulté à avaler le contenu de ma première tasse.

Je songe à Bérurier l'irascible. La Grosse m'a appris qu'il a découché cette noye, sans avertir. Elle suppose que, pour se remettre de sa fureur, il est parti en java avec quelque relation de comptoir. La chose s'est déjà produite quand il a eu à surmonter des tracas de force 5 sur l'échelle de Richter. Son épouse ne s'inquiète pas, elle propose même « qu'il aille se chier », exploit à la portée d'un scatophage tel que lui.

L'histoire de la sœur Grabote m'intéresse. Tu connais mon flair ? Tout de suite il m'a branché sur les ennuis du couple maudit. Il existe en moi un signal secret qui se manifeste lorsqu'un coup fumant croise dans mes eaux territoriales. L'affolement du couple Paray me laisse espérer du juteux. Je sens que je vais à la grosse régalade, que ça risque carrément d'être le pied d'enfer, cette histoire.

On achève de survoler des campagnes harmonieuses ; on aperçoit la Gironde lente et moelleuse, des vignobles tellement prestigieux que des larmes de reconnaissance me viennent. Je me les récite comme des poèmes. J'encule le cosmos et ses minéraux. Ils n'ont donc pas eu droit au bon Dieu, là-haut ? Quand les bonnes gens s'imaginent que le ciel est dans les nues, m'est avis qu'ils se plantent la bite dans l'œil ! Là-haut, je te ressasse, y a que des roches et pas d'air, pas d'eau. Dieu, tu Le prends pour le brave professeur Picard ? Il en a rien à secouer de la stratosphère, de la troposphère et de la mésosphère non plus ! Il règne autour de nous, je t'affirme. Parmi les plantes, les sources et les femmes ; Il est dans les prairies, sur la vague des océans, dans les branches des arbres, au bistrot du coin, dans le métro. Si tu ignores ça, c'est que tu es bel et bien le grand con que je pensais, l'aminche.

Le commandant de bord nous raconte comme quoi il faut que nous attachions nos ceintures et que la température au sol est de 24°. Il est temps d'éveiller Berthe. Elle porte un délicieux pantalon rayé rose et noir, un chemisier jaune, et elle a troqué son maquillage de clown blanc contre un fond de teint terre de Sienne qui fait ressembler sa tronche à une amphore neuve.

Elle bâille si grand que j'aperçois son slip bleu des mers du Sud.

— J'sus zémue, Antoine, balbutie l'Ogresse. Si vous sauriez à quel point, v's'aureriez peur qu'j'fasse une infrastructure du motocarde.

La maison Avis me confie une Lancia de belle allure, noire avec des sièges gris perle. Je me jette sur l'autoroute de Paris que je quitte à Saintes pour m'engouffrer sur la départementale desservant Oléron où nous parvenons en moins de temps qu'il n'en faut à un prostatique pour accomplir sa miction.

L'interminable pont qui transforme l'île en presqu'île s'élance entre la mer et le ciel. Un soleil de fête fait rupiner la vie. Je dois produire un effort pour me convaincre que je ne viens pas en vacances, mais en sauveteur potentiel de la branche rapportée de la famille Bérurier.

La Branlée-sur-Mer est à peine un village, tout juste un hameau situé entre la mer et la forêt de Chaude-Lance. Celui-ci se compose d'une douzaine de maisons basses arc-boutées en cercle pour faire front aux vents de noroît et de suroît qui soufflent toute l'année sur l'île, excepté pour le 14 juillet et la Fête-Dieu.

Au centre de l'agglomération, une sorte de place cernée de pins. Illico, on aperçoit l'établissement géré par la parenté dévoyée de Berthy. Il est en L majuscule à l'envers. Face à la placette se trouve la partie commune : bureau, apparte des tauliers, sur la perpendiculaire s'alignent les chambres qui doivent ressembler à des cellules. Pas d'étage, mais, sur le toit de la face principale, trône une vieille barcasse de pêcheur, peinte en bleu lessive, agrémentée d'une bande blanche. Le blase de ce barlu désaffecté est peint au pochoir : *Tranche-le-Vent.* L'embarcation est légèrement inclinée pour présenter son côté tribord, le meilleur sans doute, à l'instar de certaines stars dont un profil est moins tarte que l'autre (j'ai des noms mais je les donnerai pas).

Je laisse ma tire de loc sur un terre-plein proche de la crèche. Berthe saisit ma dextre à l'instant où je coupe le contact, la porte à son sein qui me rappelle à m'y méprendre un sac de farine que j'ai beaucoup aimé.

— J'croive qu'j'vas défaillellir, Antoine ! L'idée d'r'trouver ma p'tite bichette chérie ! Tout not' passé qui me gicle z'à travers la gueule, compr'nez-vous-t-il ? Nos soirées, quand est-ce on s'caressait la motte, les deux, chacune l'un' en face de l'aut' sur nos lits jumelles, à celle qui s'régalait la première. Ell' gagnait presqu' toujours : rien qu'd'm' voir manier la carotte qu'é m'avait préparée. C'est des beaux souv'nirs, qu'on le voudra ou pas...

Je reprends ma dextre, laquelle m'est très utile dans bien des circonstances.

Nous marchons courageusement en direction de la pension de famille sans nous douter un seul instant de ce qui nous attend.

CHAPITRE

Un carillon Westminster (l'une des nombreuses choses que je hais dans ce monde d'exception) entonne dix heures sur l'air que tu sais et, mieux encore, les égrène avec une lenteur toute britannique au moment où nous pénétrons dans la pension de famille de l'ancien taulard. Personne en vue... A y regarder de plus près, je finis par découvrir dans un renfoncement du local, un grand mec chauve, à tronche de casse-noix sculpté, vêtu d'un bleu de travail, en train de se masturber avec l'énergie du désespoir. A priori, je le prends pour un singe, la manœuvre périlleuse à laquelle il se livre accentuant sa frappante ressemblance avec l'orang-outan ; mais un examen plus complet rectifie mon erreur.

J'hésite à l'importuner en cours de pâmoison, trop respectueux que je suis des choses de l'amour. Mais comme l'exercice semble engagé pour une durée indéterminée, je risque une question qui ne devrait point trop le perturber :

— Les patrons sont là ?

L'être (je n'ose encore le qualifier d'homme) interrompt sa manœuvre, laquelle, soit dit en passant par la

Lorraine, n'apporte à son pénis qu'un durcissement précaire, beaucoup trop évasif pour le conduire à une libération franche et massive.

— Y font les chambres, me répond-il en n'utilisant que des consonnes, ce qui lui laisse tout de même de larges possibilités oratoires, l'alphabet en comportant dix-neuf.

Tout compte fait, il remise son membre timoré dans sa braguette (lieu peu fréquenté où, personnellement, je refuserais de passer mes vacances) et, de sa dextre rendue à la liberté, me désigne une porte donnant sur les cellules.

Berthe emprunte la direction indiquée avec autorité.

— Il n'a pas une belle queue, commente l'Ogresse : flapie et tordue, je déteste. Des machins pareils, c'est même pas des gratte-culs.

Nous débouchons sur un espace cimenté fleurant l'eau de Javel Lacroix. Des seaux emplis d'eau mousseuse dans laquelle des balais-brosses font trempette sont en stationnement devant l'une des lourdes. Nous les rejoignons.

— Y a quéqu'un ? s'inquiète la Vociférante.

Lors, surgit un petit homme aussi bizarre qu'étrange que je vais prendre un malin plaisir à te décrire avec toute la force évocatrice d'un style qui en aura fait chier plus d'un et pas des moindres !

L'individu que je te cause ne doit pas mesurer un mètre soixante-huit. Il est maigrichon, voire malingre, avec les biceps de Renaud. Il porte un pantalon corsaire à rayures rouges et blanches qui l'apparente aux sans-culottes de la Révolution, une chemise rouge et des sandales de caoutchouc. Son visage anguleux fait songer à celui d'un Indien. Ses cheveux noirs, rasés sur les côtés, descendent bas dans son cou. Il a une boucle d'oreille, un collier de cuir agrémenté d'une breloque figurant un phallus à tête de rubis, et un poignet de force en cuir, comme certains petits crevés désireux d'impressionner leurs contemporains avec des moyens artificiels.

Ce gonzier, je le verrais plus volontiers à la tête d'un manège forain que d'un motel pour manars en vacances.

— Broisy ! hurle la Bérurière à s'en faire péter les ficelles vocales.

Le dividu sursaille et pose sur notre tandem le regard qu'aurait eu le brave maréchal Ney si, au lieu de Blücher, ç'avait été Grouchy qui se serait pointé à Waterloo.

— Berthe !

Et ils se fourrent dans les bras l'un de l'autre pour de sauvages effusions mêlées de larmes, de morve et de salive, ainsi qu'il sied à des gens que la vie a longtemps séparés.

Attirée par cette liesse farouche, la femelle du moteliste paraît à son tour. La surnommée Grabote ne ressemble pas le moins du chose à sa demi-sœur. C'est une nière petite, blafarde et rouquinante, avec un œil qui n'est jamais parvenu à se réconcilier avec l'autre. Elle a d'exquises verrues groupées en essaim au menton, un ventre qui sert d'emballage cadeau à l'un des plus splendides fibromes qu'il me fût donné d'admirer et des jambes marbrées de bleu genre lapis-lazuli. Elle pare au plus pressé en éclatant en sanglots longs comme les violons de l'automne.

Nouvelles étreintes, embrassades farouches, plaintes inarticulées, plaintes articulées, geignardises, hoquets sur plancher, sécrétions polyorificielles, début de hurlements, gémissements pré-orgasmiques, cris de pleureuses islamiques, cornes de brume, couinements évoquant ceux qui ponctuent une descente de cercueil, et puis gloussements de bonheur, clapotis d'orgasmes, et mugissements libérateurs. Un récital !

Quand ce séisme diminue d'intensité, le beauf dit :

— Ainsi tu es venue, ma Berthy ! Tu as répondu « présent » ! Le passé n'est donc pas lettre morte pour toi ?

— Tu voives ! répond noblement la Bérurière.

De nouvelles embrassades courent sur leur erre et puis on me fait entrer en scène.

— Ce salaud d'Alexandre-Benoît a pas voulu viendre, déclare la rombiasse ; mais j'v's'a amené quéqu'un de plus mieux performateur : le célèbe Santantonio en personne ; qui dise mieux ?

Respectueux murmure dans l'assistance. Grabote amorce une génuflexion qu'elle renonce à mener à terme biscotte son fibrome de gala. Le beauf à tête de nœud vacille de la prunelle et courbe la tête comme un fier Sicambre.

— Monsieur le commissaire, balbutie-t-il.

— Direqueteur ! rectifie la Jument verte avec force. Qu'est-ce tu croives : il a fait d'la route !

Re-courbette d'Ambroise Paray, touché au plus vif par l'annonce de cette promotion.

Il n'ose me tendre la main, mais magnanime à en pisser dans mes braies, c'est moi qui lui présente la mienne. Comme il a la paume moite. Beurgh !

— Monsieur le directeur, commence-t-il, votre

présence ici redonne quelque énergie à un homme accablé par un sort funeste.

La vache ! Il esprime bien, dirait le Gravos. Tu te croirais franc avec un grand esprit style Jean d'Ormesson !

Il poursuit :

— Sans vouloir te désobliger, Berthe, je pense qu'il serait préférable que M. le directeur et moi ayons un entretien privé.

La Renaudière fait mine de bois.

— Charmant ! dit-elle. La confiance règne ! J'ai mis tout' c't'espédition en branlée pour qu'on m'renvoye au vestiaire !

— Ne te formalise pas, ma bonne, murmure l'ancien taulard. Simplement, je pense que les faits sont si graves que M. le directeur doit en avoir la primeur, comprends-tu ?

— Donnes-lu l'imprimeur et tout c'qu' tu voudreras, bougonne Berthaga, j'm'en torche ! Mais dis donc, Grabote, comment t'est-ce y cause, ton bonhomme, à présent : on croirerait un notaire !

— Il a poursuivi des études pendant sa détention, annonce fièrement l'épouse, et il a une licence de droit !

— Chapeau ! fait la Baleine, vaincue.

C'est également ce que je me dis.

CHAPITRE

Dans le soleil il est tout mignard, Ambroise. Fait dompteur de puces, l'érudit ; voire montreur de souris savantes. Il a un aspect pauvre mec chahuté par l'existence. Tiens, j'avais pas vu qu'il portait des rouflaquettes à la con. Le côté de sa tronche est rasibus mais, un peu au-dessous des étagères à crayons poussent des projets de favoris frisottés qui tentent, en vain, de rejoindre ses charmeuses à la Craque Câble dans la débine. Il réunit rigoureusement toutes les conditions pour obtenir une tête de nœud. Tu remarqueras : souvent, chez les paumés, tu constates cet acharnement à en rajouter, comme si ça ne se repérait pas au premier regard qu'ils sont minus à aller se chier dans un fossé.

Il m'entraîne en direction d'un hangar riche en saloperies dont la plupart sont inutilisables et décroche une petite échelle accrochée à l'un des murs.

— Je pense, dit-il en la chargeant sur son épaule pour se déguiser en ramoneur savoyard, je pense qu'avant tout je dois vous montrer le... la chose...

Nous contournons le hangar pour gagner le corps de bâtiment principal. Ambroise dresse l'échelle contre la maison.

— Si vous voulez bien monter sur le toit, monsieur le directeur, et jeter un regard dans le canot...

N'écoutant que lui et ma curiosité, j'escalade avec une agilité d'écureuil les échelons branlants et me retrouve sur la construction en moins de temps qu'il n'en faut à un piqueur de bagages pour tirer l'une de tes valdingues pendant que tu les enregistres à l'aéroport. Je m'approche de la barque-enseigne ; mais pas besoin de me perdre en supputations : la pestilence m'informe. Mon mouchoir plaqué sur le museau je vais couler une œillerie peu friponne à l'intérieur du rafiot. J'aperçois une vieille bâche décolorée que l'on a arrosée d'essence de térébenthine avec l'espoir fallacieux qu'une senteur puissante en masquerait une autre, ce qui est archifaux. Je connais moult femelles harassées qui s'inondent de 5 de Chanel et continuent de puer la vieillasserie car les odeurs s'ajoutent mais ne se neutralisent pas.

Je saisis un coin de la toile pour la retrousser. L'abomination me saute au visage. Il y a, au fond du canot délabré, le cadavre d'un paroissien en état avancé de décomposition. Des marbrures verdâtres marquent son visage émacié. Deux traits blancs filtrent sous ses paupières mal jointes. Il porte un complet sport et un polo dans les tons bleus. Il se tient sur le côté, les jambes légèrement repliées. A première vue on ne lui voit aucune blessure. Il conviendrait de le fouiller, mais pour cela il faudrait entrer dans le canot et, franchement, je ne m'en sens pas le courage.

La gerbe au bord des dents, je descends rejoindre l'ancien gardien de la paix et, néanmoins, ancien taulard. Il m'attend au pied de l'échelle avec l'air con du renard invité chez la cigogne.

— Qu'en dites-vous ? balbutie le beauf.

— Raconte ? laconisé-je, car, quand tu es un grand flic de réputation cosmique, tu es tenu à te montrer avare de tes paroles.

Il murmure :

— Je suis perdu, non ?

— C'est plutôt le mec du barlu qui l'est.

— Oui mais, balbutie le crevard sans s'arrêter à l'humour contenu dans mes paroles, ce qui fout tout en l'air c'est que je connais l'homme. Nous étions en taule ensemble.

— Tu m'en diras tant (peut s'écrire également : « tu mendieras tant ») !

Sa contrition lui donne l'air à ce point efféminé, Ambroise Paray, qu'à côté de lui Michael Jackson ressemblerait à Depardieu. Il s'est biché une gueule à remplacer la paille de son gin-fizz par un thermomètre ; aurait-il chopé du rond, en cabane ?

Mon silence constituant le plus formide des points d'interrogation, il finit par soupirer de nouveau :

— Je suis perdu, hein ?

— C'est toi qui l'as refroidi ?

— Grands dieux non ! Mais tout le monde le pensera.

Il a le masque du désespoir. Je te parie ma spermathèque contre ta chaîne hi-fi qu'il va se mettre à chialer. Regarde les perles qui scintillent dans son œil glauque ! C'est pas de la larmiche salée à point, ça ?

Il espère ma compassion, mais ce locdu m'écœure et j'ai autant envie de le rassurer que de lui lécher les bourses pour voir si elles ont un goût de citron.

Je me dirige vers un banc de ciment cerné par un massif de roses étiolées : le seul coinceteau romantique dans cette crèche pour congés-mal-payés. M'assieds. Croise les jambes. Entoure mon genou droit de mes deux mains gauches. Le fixe entre les lotos, ce qui illico met un gusman mal à l'aise.

Comme il comprend que j'en casserai pas une broque tant qu'il n'aura pas vidé sa hotte à vendanges (ou à vidange), il se décide :

— Je vis un cauchemar, monsieur le directeur.

O.K. : il vit un cauchemar, et après ? On s'offre un lavement ou on se prépare une choucroute alsaco ?

Je bâille, lui prouver que je suis prêt à me faire chier s'il me laisse en carafe de récit. Alors il s'éperonne la bavasse.

— Le mort du canot s'appelle Marcel Proute, il a un pedigree chargé comme un baudet. Quand il est arrivé dans ma cellule, il venait de se faire serrer en craquant le coffiot d'un laboratoire pharmaceutique après avoir endormi le veilleur de nuit avec une clé anglaise. Le pauvre type s'est fait quinze jours d'hosto. Proute était un type plutôt sympa malgré ses malfaisances. Il avait de la conversation et un certain sens de l'humour. J'ai terminé ma peine bien avant lui la sienne. Il m'avait chargé d'aller voir son frère à l'hosto où il mourait d'un gentil cancer du foie, ce que j'ai fait. Le pauvre gars est décédé le surlendemain de ma visite.

« Quelques mois après mon élargissement, nous sommes allés nous mettre au service de sœur Teresa. En prison, j'avais opéré un retour sur moi-même et, croyez-le ou non, j'éprouvais un besoin de rédemption. Là-bas, j'ai appris ce que c'est que de se vouer aux déshérités. »

Il s'arrête pour promener sa menteuse sur ses bagougnasses, essaie de lire de l'intérêt dans mon regard abrasif, mais un colin pêché d'une semaine a des yeux plus pétillants que ma pomme.

Vaguement écœuré par ma désertification faciale, il poursuit :

— Hélas, ma chère femme a contracté une méchante maladie hépatique qui nous a obligés à quitter l'Inde. Nous sommes allés au Canada, le véritable, celui du Grand Nord où la vie est saine, certes, mais rude. Nous avons travaillé dans le traitement des animaux à fourrure. Boulot peu attractif, monsieur le directeur, mais qui nous permettait de gagner un peu d'argent. Une fois rassemblée une somme qui m'a paru suffisante, nous sommes rentrés en France. L'air du pays nous manquait. Après pas mal d'hésitations, on s'est décidés pour Oléron où, enfant, je venais passer mes vacances. J'aime l'océan, le ciel gris, les parcs à huîtres, les gens d'ici surtout avec qui les rapports sont agréables. Une vieille veuve mettait cette petite affaire en gérance, assortie d'une promesse de vente, ça nous a décidés. Nous gagnons peu, mais nous n'avons pas de gros besoins car la vie nous a rendus sages. En saison, nous travaillons dur ; hors saison, je trouve des petits boulots à droite et à gauche car je suis un bricoleur qui sait à peu près tout faire dans le domaine de la vie courante. Nous n'avons pas d'enfants, Grabote ayant dû subir très tôt l'ablation des trompes ; curieusement, cette stérilité, jointe à nos misères, nous a soudés.

Un pleur de bonne venue fait briller son regard.

— Si on reparlait de ton pote de la barcasse ? proposé-je sans éprouver le moindre amadouage.

Y a des mecs qui me laissent et me laisseront

toujours incommensurablement froid, n'importe leurs avaries de machine. La compassion, ça se mérite.

— Je n'avais jamais plus eu de ses nouvelles, ni ne lui avais donné des miennes. Pour tout vous dire, il était non seulement sorti de ma vie, mais aussi de mes souvenirs.

Il se tait, rabougri à l'extrême, pantelant de l'âme et de la bistoune. Une loque.

— Et alors ? l'incité-je sèchement, en homme qui n'a pas de temps à perdre avec les états d'âme d'un ci-devant pourri, quand bien même celui-ci aurait servi de porte-coton à Mère Teresa.

— Eh bien, la vie coulait doucettement. J'allais parfois poser des casiers à homards avec l'Intello.

— Qui est-ce ?

— Le grand demeuré qui nous aide pour les gros travaux. Il a conservé la barque et les casiers à homards de son père mort l'année dernière. De temps en temps on ramenait quelques « cardinaux des mers » et on les mangeait tous les trois ; ma femme est un fin cordon-bleu.

— Je vois, fais-je : une âme saine dans un corps sain. La vie qui va l'amble, quoi. Et puis ?

— Et puis ça s'est mis à cocoter autour de la maison, d'autant que le mahomet cognait fort ces derniers temps. On a pensé à quelque charogne et on s'est mis à chercher, mais sans succès. C'est l'Intello, avant-hier après-midi, qui m'a montré le toit en me disant que l'odeur arrivait de là-haut. J'ai sorti l'échelle et suis monté voir ; effectivement, la puanteur venait du canot. Vous savez, monsieur le directeur, j'ai cru mourir en découvrant le mort et surtout en reconnaissant Marcel

Proute ! J'ai pensé que mon caberlot se mettait à fondre au soleil. Je suis demeuré plus d'une heure appuyé à la barque, sans parvenir à détacher mes yeux de cette abomination.

« Inquiète, Grabote m'a appelé ; paraît qu'en redescendant je ressemblais à un vieillard. Plus les minutes passaient, plus je mesurais l'horreur de ma position. Moi, ex-taulard, j'avais au-dessus de ma tête le cadavre d'un ancien compagnon de cellule ! Il était inévitable qu'on m'accuse de sa mort. Comment faire croire aux gendarmes que je n'étais pour rien dans ce meurtre ? Cette affaire allait sentir le règlement de comptes. Je serais emporté dans ce tourbillon. Finie la petite vie rédemptrice. Le cauchemar allait recommencer : enquête, reconstitution, instruction, procès, condamnation. Plutôt mourir ! Mon premier réflexe... »

— Je sais, coupé-je sèchement : tu as voulu le supprimer.

Il reste coi, puis soupire :

— C'est Grabote qui a pensé à son beau-frère. Après l'avoinée qu'il m'avait mise lors de ma connerie, je n'aurais jamais osé lui demander secours ; mais les femmes n'ont pas nos scrupules...

Je quitte le banc dont la pierre finit par me geler les meules. Fais quelques pas circulaires devant le pauvre motel. Un gazier, en short découpé dans un vieux futal de toile, revient de la pêche, bredouille mais avec un coup de soleil qui lui a transformé le tarbouif en lampe de chevet. Il coltine un matériel qui doit faire marrer les mérous à la peau fragile (1).

(1) Ne dit-on pas « la peau de mérou pète » ?

On répond à son salut feutré très prudemment car il aimerait nous raconter le barracuda qu'il a loupé d'un rien ; seulement on les encule, lui et son poissecaille, il le sent à notre regard.

— Que pensez-vous de ce que je viens de vous raconter, monsieur le directeur ? demande Ambroise avec une humilité de rosière surprise en train de pomper le bedeau.

Et comme je ne réponds rien, il balance dans un sanglot sec :

— Vous ne me croyez pas ?

Je pose sur son épaule de héron une main sans compassion :

— Peut-être te croirai-je lorsque tu m'auras tout dit !

CHAPITRE

— Tout dit ! Mais je vous ai tout dit, rebiffe l'avorton déguisé en mauviette crevarde, avec ce que les grands écrivains appellent « l'énergie du désespoir ».

— En es-tu bien sûr ?

— Complètement.

— Parce que, vois-tu, bonhomme, je ne me suis pas farci ce voyage au côté de ta rombiasse de belle-sœur qui n'arrêtait pas de me tirlipoter le chinetoque ou de ronfler, pour me faire jouer du pipeau. Que je constate le moindre galoup dans tes déclarations et on t'évacue sur une civière ; nous sommes bien d'accord ?

Il met les deux glaves de phtisique qui lui tiennent lieu de regard dans le mien et déclare avec une telle solennité qu'un colonel en retraite déféquerait dans ses culottes de cheval :

— Tout à fait d'accord, monsieur le directeur. Je ne demande qu'à vous aider à découvrir la vérité.

— Eh bien, c'est parfait, mon mec. Allons nous poser dans un coin tranquille car ça risque de durer.

Le cher garçon m'entraîne jusqu'à un minuscule réduit vitré pompeusement baptisé « Réception ». Il est clair qu'aucune tête couronnée n'y a jamais débarqué.

J'ai droit à la chaise capitonnée pivotante, lui se contente d'un bref marchepied qu'on utilise pour changer les ampoules grillées et les rouleaux de papier tue-mouches punaisés au plaftard.

— Je suis à votre disposition.

Je tire mon calepin et me voici déguisé en greffier d'occase.

— Pedigree de Marcel Proute, je te prie. Du moins ce que tu en sais.

— A l'origine, il était horloger, attaque Ambroise.

— A la recherche du temps perdu, ironisé-je pour moi seul, mais j'ai la surprise de le voir sourire.

Il dit :

— Il s'appelait Proute, pas Proust.

Au temps pour moi ! Ce macaque vient de gravir un échelon dans mon estime. Cela dit, il est encore loin du sommet.

— Donc, horloger au départ.

— Son défaut : il était flambeur. Le jeu l'a mis sur la paille, sa femme l'a quitté et il a eu de mauvaises fréquentations.

— D'un grand classicisme, murmuré-je-t-il.

— Il s'est laissé entraîner, j'en sais quelque chose. La pente fatale, j'ai vécu ça !

— Laisse ton cas de côté, gars, on défriche celui de ton pote.

— Il a glissé jusqu'au mitan et s'est spécialisé dans le coffiot. Il avait, paraît-il, la plus grosse documentation de France sur la question. Et puis l'inévitable s'est produit : on l'a serré après qu'il eut craqué la chambre forte d'un labo.

— Que venait-il y chercher ?

— Des documents enfermés dans une enveloppe cachetée à la cire, m'a-t-il raconté.

— Il a eu le temps de l'engourdir ?

Le muscadin d'Oléron fait une moue chargée d'exprimer l'évasiveté.

— Alors là, je suis incapable de vous le préciser. Sans doute me l'a-t-il dit, mais ça a dû me passer au-dessus de la tête. Tout ce dont je me souviens c'est qu'il s'est fait sauter le jour même de son exploit.

— Il avait des complices ?

— Non : un commanditaire, selon lui, une femme ultra-classe venue le rambiner au troquet où il avait son siège social ! Elle aurait prétendu contacter Marcel sur le conseil d'un de ses potes dont elle n'a pas voulu allonger le blase.

M'est avis que le licencié s'écarte un tantisoit du beau langage pour revenir au vocabulaire truand. Chassez l'Académie et le naturel se radine coudes au corps.

— Dis donc, Ambroise, il était pas un peu mytho, ton pote ? La vamp mystérieuse qui vient le relancer au *Bar des Aminches,* ça vous a un petit parfum de « Série Noire » mal assimilée, tu ne trouves pas ?

Il hausse les épaules.

— Je ne fais que vous répéter ce qu'il m'a raconté, monsieur le directeur, je n'en garantis pas l'authenticité.

— Ensuite ?

— Comme il avait vilainement chahuté le veilleur de nuit, il a morflé dur. Je crois qu'il a séché six piges, vu ses antécédents qui n'avaient pas l'éclat du neuf.

— Bon, toi tu es sorti du trou. Tu es allé dire un

petit adieu à son frelot bouffé par le crabe et tu ne l'as jamais revu, accaparé que tu fus par Mère Teresa et les mammifères du Grand Nord canadien.

— Jamais ! lance le crevard avec une force qui se veut convaincante. J'ai rompu tout contact avec le Milieu et nous vivons très simplement, loin des villes pernicieuses.

Je me prends à rêvasser et il n'ose troubler ma méditation. Je pense à cette soi-disant belle dame qui survint un soir au café des voyous pour engager un perceur de coffres. Dur dur à encaisser sans aspirine, ce genre de fable.

— Très bien, reprends-je. Tu dois probablement t'être formé une opinion sur la présence de ce cadavre dans la barcasse qui te sert d'enseigne ?

— Je m'en suis formé dix, je m'en suis formé mille ! rétorque le minus de chez Habens.

— Quelle est celle qui t'a paru la plus performante ?

Il hoche la tête :

— Elle reste pleine de lacunes.

— Vas-y toujours, on laissera des blancs.

Il prend l'air concentré du petit garçon qui commence à réciter à son instit une fable de ce glandu de La Fontaine.

— Je suppose qu'une fois sorti du trou, il aura repris ses activités illicites. Partant de là, nous sommes amenés à imaginer deux choses : qu'il avait des méchants à ses trousses à la suite de quelque coup fourré et que, connaissant mon adresse d'une façon que je ne m'explique pas pour l'instant, il a pensé venir se planquer ici ; mais ses ennemis le filaient et l'ont flingué avant qu'il me contacte. Ils ont ensuite placé sa carcasse dans la vieille barque pour s'en débarrasser et me faire porter le chapeau.

Son regard de rat effrayé bat la campagne. Il est clair que ce cadavre sur le toit de son motel a gravement chancetiqué leur quiétude bourgeoise.

— Pourquoi dis-tu que ses ennemis l'ont « flingué », mon ami ? Tu as examiné sa dépouille ?

— Pas vous, monsieur le directeur ?

— J'avoue que sa puanteur ne m'a pas incité à beaucoup l'ausculter, admets-je, honteux comme un renard qu'une poule du Sébasto aurait pris.

Je questionne :

— Il a morflé des bastos ?

— Une au moins : en plein guignol ! J'ai découvert ça en écartant sa veste.

— Tu as poussé plus loin tes investigations ?

— Tout de même pas : il fouette trop ! Même avec des pincettes on n'a guère envie de le tripoter !

— Bien ! réagis-je, il est temps d'alerter les perdreaux d'ici.

Sa figure se met à dégouliner pire que celle de son ex-compagnon de cellote.

— Vous croyez que c'est nécessaire ?

Le sourire que je lui vote est plus radieux que le soleil d'Austerlitz.

— Tu t'imaginais que j'allais l'enterrer dans mon jardin afin de faire du compost pour mes rosiers ? T'es nubile du cerveau, gars !

CHAPITRE

— Me serais-je imaginé conduire un jour une enquête sous votre direction, monsieur le directeur ! bée l'adjudant Narguilé Francis en me virgulant un sourire pareil à deux tranches de noix de coco superposées.

Pas du tout le juteux qu'on pourrait croire. Trente-huit ans, beau gosse, un regard langoureux comme un disque de Tino Rossi, le menton à fossette réglementaire ; il dégage une suave odeur de lotion after-shave et doit verger d'importance les gerces de la contrée, pour peu qu'elles n'aient pas les miches accrochées à la place des roberts.

Un enthousiaste. Sportif, tu peux le croire ! Energique. Ami de ses hommes, mais poigne de fer dans la culotte de ma sœur, si tu vois le genre ?

Je rectifie doucement :

— Mon bon ami, il n'est pas question que je m'immisce dans votre travail. Je vous ai expliqué la situation : Ambroise Paray est le beau-frère de mon plus proche collaborateur et il a fait ses débuts dans la Police parisienne. Un temps dévoyé, il a purgé sa peine et s'est, je crois, quelque peu réhabilité. Se voyant embringué dans une sordide affaire de meurtre, il a pris peur et a fait appel à moi. Comprenez bien, mon adjudant : mon aide ne lui est acquise que dans la mesure où il est blanc comme neige. Si je m'apercevais de la moindre embrouille de sa part, loin de le secourir, je lui enfoncerais la tête dans la gadoue.

Rire de Francis Narguilé (son grand-père était tunisien).

— Le médecin légiste vient de La Rochelle et sera ici dans une bonne heure, de même que les gens de l'Identité judiciaire, annonce-t-il.

Nous sommes assis devant le motel, à une table de fer pliante piquetée de rouille. Un gendarme descend du toit, en bras de chemise, portant un masque en gaze devant le nez et la bouche. Il a passé des gants à vaisselle dont le caoutchouc rouge se macule de taches impardonnables ; il tient un sac en plastique.

— Les objets qui se trouvaient en possession de la victime ! annonce-t-il en brandissant la poche transparente, pareil à un môme venant de cueillir des champignons.

— Mettez ça là ! enjoint son chef. Vous disposez d'une autre paire de gants ?

— Non, mon adjudant. Voulez-vous les miens ?

Le gradé file un regard terrifié à ceux de son bordonné.

— Sans façon, Contrute. Allez demander à la taulière si elle n'aurait pas d'autres gants à vaisselle.

L'atmosphère est étrange. Les clients du motel, alertés par l'arrivée maréchaussaire, prennent des attitudes faussement détachées pour nous guignocher à distance.

Une grand-mère sourdingue, qu'on a transplantée dans un fauteuil roulant, exige de ses enfants qu'ils lui expliquent ce qui se passe et pourquoi des gendarmes s'affairent sur le toit du motel, même qu'en a un qui dégueule, tu as remarqué, Michel ?

Ambroise s'est réfugié dans son minuscule burlingue pour esquiver les questions emblématiques (1) de ses clilles.

Un petit garçon, dont le père est veilleur de jour dans un asile de nuit, a des mots avec sa maman, qu'il traite de « pute pourrie » parce qu'elle lui interdit d'escalader l'échelle pour aller rejoindre les maré-chausseurs. Un vent de suroît nous apporte d'ardentes senteurs marines qui essaient d'entrer en compétition avec la pestilence tombant du toit, mais en vain.

— Tout ce que j'ai pu dénicher, mon adjudant ! fait le gendarme Contrute, en ramenant des moufles de cuisine initialement conçues pour retirer du four des soufflés arrivés à terme.

Narguilé lui coule un regard qu'un auteur ringardos qualifierait de « dépourvu d'aménité ».

— J'eusse préféré des gants de boxe, fait-il en vidant la pochette sur la table.

Il inventorie son contenu, à savoir : une brème d'identité en haillons au nom de Marcel Proute ; une petite trousse d'horloger ; un pistolet extra-plat en acier verduré, tirant des balles de gaz soporifique ; une boîte de pilules contre la diarrhée ; une autre de cachous Lajaunisse ; une pince à ongles dont le manche fait

(1) Pourquoi « emblématique » ? Tout le mystère san-antonien est là !

Jérôme Garcin

lime ; une boîte de préservatifs anglais Mac Heusdress ; une montre Mathey-Tissot très élégante ; plus une petite « cousette », du genre de celles que les hôtels mettent à la disposition de leurs clients afin de les dépanner quand ils craquent un bouton au cours d'une pipe de voyage.

— Le vade-mecum de l'homme moderne, plaisanté-je.

— Voulez-vous conserver ce butin, monsieur le directeur ?

— Du tout. Je vous répète que je suis ici en qualité d'auditeur libre, comme on dit dans les facultés.

Il replace la petite panoplie du défunt dans son plastique et va demander à Ambroise où il peut se laver les mains. Pendant son absence, je chourave la cousette, because quelque chose que je te causerai plus loin.

Que dis-tu, Bazu ? Tu voudrais qu'on en parle tout de suite ?

Et mon cul, c'est du chapon ? Qui est-ce qui pilote ce *book ?* Toi ou l'homme le plus intelligent qu'il m'ait été donné de rencontrer depuis que le singe a marché sur la Terre ?

Je glisse l'objet *in my pocket* et prends l'air innocent de M. le baron quand, en société, il respire ses doigts qu'il a engagés très avant dans le frifri de la femme de chambre pendant qu'elle frottait le parquet.

Retour du pandore-chef.

— C'est la première fois que nous avons à traiter d'un cas pareil à Oléron, déclare le brillant gradé.

Sur ces entrefesses, Berthe et sa frangine font retour, la carriole chargée de provises. La Gravosse tombe en arrêt (et presque en pâmoison) devant le gendarme si bioutifoule et fringant de partout. D'entrée d'œillade, elle prend un ticket d'appel pour une éventuelle casserolée géante. Le beau pandore de charme ne se doute pas qu'il a déjà son braque virtuellement engagé dans la soute à pafs de la Bérurière.

Pour l'instant, « l'irrésistible » donne des instructions à ses péones. Ils vont se laver les pattounes au savon de Marseille et, ensuite, tirer un portrait du défunt pour le produire aux autochtones, essayer de déterminer si quelqu'un l'aurait vu naguère dans la contrée. Et puis communiquer la photo au journal local et à la téloche régionale.

Il m'annonce qu'il va se mettre en rapport avec Pantruche afin qu'une enquête soit ouverte dans la capitale relativement à ce Marcel Proute. Il veut tout connaître de lui : sa vie, son œuvre, ses relations d'affaires et d'amour. Bref, il mène bien sa barque, si je puis dire, le regard fixé sur celle du toit.

Enfin ! Le docteur Paranaud, le légiste, arrive au volant d'une superbe Broot-Machaglath décapotable de la fin des années 20, conduite à droite, chromes à chier partout, peinture vert olive, capot sanglé, frein à main extérieur, pot d'échappement intérieur, porte-bagages plaqué or, avertisseur à seize trompes jouant le *God Save the King* (un roi régnait à la sortie du véhicule). Le praticien profite de ce que sa tire est à deux places pour déposer une moitié de son énorme cul sur le siège passager. Il est survêtu d'une blouse grise, coiffé d'un casque de tomobiliste en cuir dont les brides lui font des oreilles de basset-hound et porte des lunettes de soudeur à l'arc, façon Blériot.

Il stoppe devant le motel et, avisant Narguilé, le hèle :

— Vous me donnez un coup de main, Francis ?

Il a déponé sa portière, sorti sa jambe gauche du véhicule et tend les bras de l'espoir au chef pandore, lequel s'empresse d'arracher l'arrivant à son sarcophage d'acier et de cuir.

Le doc mesure un mètre soixante avec talonnettes et doit être plus large que long, au moins dans sa région culière. Tu dirais un cachalot gonflé à haute pression. Il marche en faisant glisser ses pinceaux sur le sol. Son énorme bide sert de balancier à son énorme cul : la nature fait bien les choses !

— Merci, mon cher, dit-il de sa voix d'asthmatique en phase terminale. Alors, il paraît que vous avez de la viande froide pour moi ?

— Elle est en tout cas pas fraîche, Doc, répond le gendarme. Et j'ai une autre mauvaise nouvelle pour vous : elle se trouve sur ce toit, à l'intérieur de la barque !

L'homme de l'art évalue les efforts qu'il va devoir fournir.

— Les barreaux sont solides ?

— Je l'espère ; de toute façon, mes hommes vont vous aider. Vous devriez mettre un masque car ce que je vous propose, c'est pas de l'arrivage du jour.

L'obèse a une moue insouciante :

— Pas de panique, mon petit : j'en ai vu d'autres !

Puis, à moi, d'un air finaud :

— Vous pensez bien que par ici, je travaille surtout dans le noyé : entre mes pêcheurs d'Islande et les vacanciers hydrocutés, je me paie des séances homériques.

Il entreprend courageusement de gravir l'échelle,

comme s'il s'agissait de la face nord des Grandes Jorasses. Un gendarme le pousse au cul pendant qu'un autre le hale, arc-bouté contre le rebord du toit plat. Après moult ahanements, le légiste se trouve sur la terrasse, inoubliable statue d'un sumo japonais vainqueur.

Le gendarme Béanzinc ruisselle du kébour à corps perdu et halète comme une machine à vapeur tractant un convoi de cent vingt-cinq wagons emplis de pavés.

— Si je ne me suis pas fait une hernie, j'aurai de la chance, déclare-t-il. Combien diable pesez-vous, docteur ?

— Cent quarante-deux et je t'emmerde, répond l'homme de (et à tête de) l'art (lard).

Il tangue jusqu'à la barque et retapisse le passager clandestin.

— Ah ! voilà notre ami ! dit-il, jovial comme s'il rencontrait un être en pleine vie.

On s'attend à ce qu'il lui serre la louche.

Ce bavard enchaîne :

— Eh bien, tu n'es pas très *clean,* garçon ! Montre un peu tes yeux !

Il soulève les paupières de la victime, puis retrousse ses lèvres, tire sur ses cheveux... Tout cela sans gants ni masque, en homme que ce genre de désagrément olfactif n'affecte pas et qui tripote la sanie sans que sa quiétude bourgeoise en soit affectée.

Il continue de vaquer à ses investigations dans la bonne humeur, s'adressant au cadavre de son ton affable, voire guilleret, et un phénomène hallucinatoire se produit, qui donne peu à peu aux assistants l'impression que le mort ne l'est plus et qu'il apprécie la familiarité presque affectueuse du gros sac à merde.

De remuer feu Proute accroît sa puanteur. Je vais demander une bière (de circonstance) à la demi-frelotte de Berthe. Maintenant, tout le coinceteau est à pied d'œuvre : les autochtones, les estivants, les pêcheurs revenus du large, ceux qui s'apprêtent à le gagner, le postier de Saint-Trou-Lahitou, la centenaire du Syndicat d'initiative en coiffe de dentelle amidonnée, l'écailler de l'*Hôtel des Flots Ravageurs,* Mme Sidonie Sidoine et sa brigade de putes qu'elle a amenées de Paris pour les congés payés (elles ne sont pas laubées mais le vacancier océanique n'a pas les moyens de l'estivant méditerranéen) ; toute une populace bigornesque moutonne, se presse, gronde comme une vague déferlante à l'assaut des rochers.

Berthe décide qu'en sa qualité de frangine et d'épouse d'inspecteur principal, elle se doit de monter voir « l'horreur ». L'adjudant Narguilé cherche à l'en dissuader, mais comme elle lui caresse les couilles pendant qu'il cause, il finit par laisser quimper. Fâcheuse faiblesse ! C'est permettre à un drame de s'accomplir : l'un des barreaux de l'échelle, durement éprouvée par le poids du légiste, cède sous la masse baleinière et la chère dévoreuse de braques se retrouve en tas et hurlante sur le sol non capitonné.

A la position de sa guitare droite, il est péremptoire qu'elle est brisée : sale temps pour le clan béruréen ! Le brave adjudange, dont la bandaison court sur son erre, appelle le médecin, lequel dit qu'on ne le fasse pas chier vu qu'il procède au scalpel et qu'il ne peut pas lâcher son camarade Mortibus. Ce qu'entendant, Narguilé mande l'ambulancier de l'ancienne île devenue presqu'île par la grâce des ponts déchaussés.

La demi-sœur bieurle plus fort qu'une trépanée qu'on a oublié d'endormir, comme quoi ils sont maudits, que la fatalité les poursuit, qu'une telle accumulation de malheurs sur de braves gens est inhumaine, et que ceci cela, le reste...

Lorsque les brancardiers se pointent, elle s'est changée pour partir avec sa « pauvre Berthe ».

La foule continue de grossir. Les derniers arrivants sont faussement informés par les précédents qui ne savent rien, c'est ainsi qu'ils apprennent qu'un fou échappé de l'asile de La Gaudriole-Saint-Trouhduc a tiré sur des vacanciers et que les gendarmes l'ont abattu sur le toit où il s'était réfugié. Ces gens, nouvellement initiés, transmettent leurs tuyaux aux survenants qui les passent à d'autres en transformant le déséquilibré en groupe de terroristes islamiques.

Je laisse s'enfler la rumeur avec un certain amusement. Ce genre de propagation me rend perplexe car je finis par me demander si c'est bien Jeanne d'Arc qui fut brûlée vive, et non l'évêque Cauchon, et si ce ne serait pas Bernard Tapie qui a inventé la pénicilline au lieu de Fleming.

Heureusement, des renforts appelés par le jeune adjudant débandé viennent assainir le climat en dispersant la foule.

Peu après, un elevator Mac Heusdress (1) requis

(1) La maison ne fait pas que des capotes anglaises.

à la conserverie du « Sardinier Loïc » permet de ramener parmi nous le gros légiste déséchellé par Berthe.

Il en a de chouettes à nous apprendre !

CHAPITRE

Il est impressionnant, sur le plateau de l'engin, le doc mammouthien. Son casque de cuir transforme sa boîte à idées en ballon de rugby géant. Sa blouse grise d'instit campagnard flotte au vent du large (celui qui convient à un gusman de son embonpoint).

Quand l'appareil arrive à destination, les pandores le secourent de leurs bras d'airain. Il pue comme un cimetière bombardé et contourne la maison pour aller compisser sa face est. S'il existe une Mme Paranaud suceuse, elle risque de trouver un drôle de goût à la bistougne de son époux, ce soir.

Il nous revient en rajustant à grand mal sa braguette, because la montgolfière qui encombre son bénoche.

— Je pourrais disposer d'une bouteille de vin blanc ? s'enquiert l'homme-tête-de-l'art. Du muscadet de préférence, mon copain de la barque m'a flanqué la pépie.

Ambroise Paray fait droit à sa requête. Le cher toubib installe son cul à deux portes sur le banc bordant le motel.

— Alors, docteur ? l'attaqué-je, impatient.

Il se fait songeur, se penche de côté pour libérer son fondement.

— Bougez pas ! J'en attends un chouette, annonce-t-il d'un ton quasi anxieux.

Quelques instants s'écoulent et il laisse filer un vent long et modulé qui fait penser à l'appel du caribou en gésine dans le Grand Nord canadien. Il écoute cette émission intestine en agrandissant de la main le pavillon de son oreille après avoir remonté la patte droite de son couvre-chef.

— Pas mal, hein ? demande-t-il en exagérant sa modestie.

— Superbe, le flatté-je.

— Un soir de haricot de mouton j'ai battu tous les records avec une note coulée qui a duré trente secondes. C'était à un congrès médical, à Londres : les participants se sont levés pour m'ovationner et le prince d'Edimbourg qui présidait le repas a tenu à me féliciter, m'assurant que même son épouse, très portée sur les flatuosités, en privé, ne m'arrivait pas à la cheville.

— Vous devriez écrire vos souvenirs, conseillé-je.

— J'y songe. J'ai déjà le titre : « Contre vents et marées » ; qu'en pensez-vous ?

— Je l'affûterais, conseillé-je. Que diriez-vous par exemple de « Contre vents et diarrhées » ? Ce serait plus porteur.

— Magnifique ! exulte le légiste. Ne sentez-vous pas la nécessité d'un sous-titre ?

— Peut-être.

— Vous avez une idée à me souffler ?

— « La voix d'en bas » ?

— Mais vous êtes tout bonnement génial, mon cher ami. Vous pensez écrire un jour ?

— Qui sait ? imperturbé-je.

Il sort de sa vague un paquet d'ordonnances vierges mais froissées, et note mes suggestions.

— Et maintenant, contre-attaqué-je, vous nous faites part de vos découvertes, Doc ?

Il range ses griffonneries à gros gestes lourds d'obèse.

— J'ai prolongé mon séjour sur le toit car je m'y suis livré à un travail que, généralement, je réserve à la table de dissection. Que voulez-vous, je suis un enthousiaste.

— Comme beaucoup de gens efficaces.

On lui apporte la quille de blanco et trois verres. Il en emplit un, le boit cul sec et se sert à nouveau en oubliant de nous en proposer.

— Il bibine un peu sur les bords, dit-il, montrant la bouteille.

— La modestie de cet établissement ne pouvait vous laisser de grands espoirs quant à la qualité des denrées qu'on y sert.

— Bien, attaque soudain le pachyderme déguisé en cétacé, parlons de mon petit copain de là-haut. Vous savez que c'est un client pas ordinaire ?

— Disez ! Disez vite !

— Balle en plein cœur !

Son regard gélatinesque s'avive.

— Mais tirée dans un muscle mort, complète-t-il.

J'écarquille mes écrins à lotos :

— Pardon ?

— Le camarade était clamsé quand il s'est pris la

bastos ; et clamsé depuis un bout de temps car il n'a absolument pas saigné.

— En ce cas, de quoi est-il mort ?

— Je vous donnerai une réponse complète après l'autopsie, mais à première vue il semble qu'il ait été victime d'un poison à effet rapide, du genre cyanure.

— Plus que bizarre, commenté-je, n'étant jamais à court de vocabulaire.

Et d'ajouter :

— Son décès remonterait à quand, Doc ?

— Attendez...

Il réfléchit tout en se remettant en position de lance-missiles.

— Très difficile à préciser, mon cher. Avec les chaleurs que nous venons d'essuyer, et compte tenu du fait qu'il se trouvait exposé en plein soleil, il a dû se corrompre à toute allure, le pauvre biquet. A vue de nez, je parlerais de quinze jours à trois semaines !

— Tant que cela ?

— Au moins. Mais encore une fois...

Là il s'interrompt ; sa loufe étant parvenue à maturation, il s'en débarrasse d'un puissant effort d'entrailles. Le pet démarre en langueur, paraît un instant courir sur sa lancée, puis prend vigueur et s'achève en bourrasque impétueuse soulignée par un roulement de caisse à percussion.

— Alors ? demande-t-il, soucieux de nos impressions.

— Très beau ! conviens-je. Et j'ajouterais : rare ! Il y a dans l'expression une modulation dramatique puissante. Certains passages du *Vaisseau fantôme* ont ces accents de masse, ces insufflations périphériques. Quel dommage que vous n'enregistriez pas des vents de cette haute teneur esthétique ! Wagnérien, vous répété-je. Vous devriez fonder un conservatoire du pet qui finirait par être reconnu comme mode d'expression artistique et du coup vaincrait le stupide préjugé qui, dans notre civilisation, le rend condamnable, ou pour le moins, impoli.

« Le vent est l'ami de l'homme puisqu'il le libère d'un ballonnement intempestif. D'autre part, toute source de sonorités doit être prise en compte par les mélomaniaques. Ne voit-on pas, de nos jours, des garçons musclés, pas plus inintelligents que d'autres, donner des récitals de barils vides en frappant ceux-ci avec des gourdins ou des marteaux ? En cette époque où le bidon devient instrument, pourquoi refuserait-on au pet une promotion obtenue par de la ferraille rouillée ? Il possède des nuances que jamais n'offrira une poubelle, ou encore une lessiveuse ou un chaudron. »

Le doc opine véhémentement de ses douze mentons étagés.

— C'est formidable, ce que vous dites, monsieur le directeur ! finit-il par assurer, le regard enrichi de larmes. Dites-moi, si d'hasard je fondais l'Académie du pet, en accepteriez-vous la présidence ?

Il me prend de court.

— C'est trop d'honneur, docteur ; le vent n'est, chez moi, qu'occasionnel et consécutif à l'ingestion de féculents ; par contre j'en ferais partie des deux fesses en qualité de membre honoraire, si vous me permettez cette image hardie.

On tope.

Il en jette un de plus, un fortuit, surgi au détour des entrailles. Pet badin, négligent, négligé, pet de soudard du bistouri au repos, pet de soutien, superflu, qui serait farceur s'il ne s'était produit en toute indifférence, pet d'inadvertance, donc, pet de routine empreint de modestie, pet effacé puisque inodore.

Il n'en attend aucun compliment, trop conscient qu'il est de ses immenses possibilités. Il n'en est pas à bâtir sa gloire sur des fonds d'intestins. Comme beaucoup d'obèses, c'est un être généreux, qui prodigue d'abondance ; certes le moindre croquis esquissé sur un coin de nappe, de Cézanne ou d'Arman, détient une valeur marchande, mais lui, docteur Paranaud, n'en est pas à comptabiliser ses vesses et autres vents légers. C'est cadeau ! Je sème à tout vent ! Je pète à tout va. La prodigalité est la coquetterie des nobles !

— Vous disiez donc, Doc, que le trépas de cet homme pourrait remonter à trois semaines ?

— Tout à fait.

— Quand allez-vous procéder à l'autopsie ?

Le praticien se tourne vers l'adjudant qui a suivi la scène précédente silencieusement, en essayant de conserver son sérieux.

— Où allez-vous m'embarquer mon petit pote afin que je le trifouille, Francis ?

— Le local des pompiers, ça vous irait ?

— Vous savez, Narguilé, c'est pas pour baiser : deux tréteaux sur une planche et de la lumière, je n'en demande pas davantage.

Il achève son mauvais muscadet.

— Je vais descendre chez la mère Denys à Saint-Troude ; elle a une spécialité d'omelette aux oursins qui vous met les papilles en trompette ! Vous en êtes, mon cher directeur ?

— Hélas ! décliné-je-t-il en réprimant mon effroi, je suis pris.

Tu vas voir combien ma réponse est prophétique !

CHAPITRE

Je m'engage sur le pont de 3 km qui relie Oléron au continent.

La nuit tombe. Loin, en bas, des bateaux rentrent à leur mouillage, traînant des triangles de remous argentés. Le ciel immense est boursouflé. Il malaxe des cumulus gris. Çà et là, se produisent des déchirures à travers lesquelles on voit du rose. La lune dessinée en blanc, sans luminosité, attend son heure. Je lui adresse un signe de ma main posée sur le volant : elle feint de ne pas le voir et imperturbe. Salope ! Si proche de nous et déserte, avec juste un drapeau américain à la con sur son sol caillasseux. Toute cette hantise qui m'assaille depuis quelque temps, qui tourne au leitmotiv : nous autres seuls sur un ballon lancé dans la gravitation universelle, seuls, à nous entre-faire chier.

Le jour où Le Grand va lâcher la ficelle et qu'on ira valdinguer dans les cosmos gigognes, on aura bonne mine. Note qu'on y est déjà au fond de tout puique ce TOUT n'a pas de fin, pas de fond.

On se mêle à la valse des astres morts, d'une monstrueuse inconcevabilité. Et le petit monde bleu avec ses cinq continents, happé par la gravitation générale. « Beau Danubleu », toujours... La pauvre Terre mignarde dans ses atmosphères ; uniquement minérale, au départ, mais riche de son oxygène. Ballepeau, pour décarrer, c'est le désert comme ailleurs. Et puis ce miracle : la vie (en anglais, *the life*). De la grosse boule minérale comme les copines, sourd ce miracle extravagant : papa, maman, le diplodocus, la Ferrari 456 GT, la canne à pêche en bambou refendu, le cancrelat, le chien d'aveugle, le coq de combat, le mouton de pré-salé, Pasteur, moi, la mère Brazier, Gengis Khan, la capote anglaise, le coup du père François, la fellation, la fusée Ariane, le Centre Pompidou, la main de ma sœur, la Joconde, les Pyramides, Bison futé, la tête de veau vinaigrette, les poils de ton cul, la guerre des Boers, le cuirassé *Potemkine,* les *Petites filles modèles,* le château d'Yquem, le chat de ma voisine, sa chatte, les moustaches de Staline, celles de Salvador Dali, la terre de Feu, le feu follet, Jacques Attali, l'Empire State Building, le morpion savant, le café Grand-Mère, la clé du champ de tir, le Tampax à musique, le *Dernier des Mohicans,* la douane, Vivaldi, Al Capone, la rose baptisée « Madame Edouard Herriot », ma bite, la tienne, la pierre philosophale, le flan caramel, le Carmel, le point de mire, la saignée du bras, la « Chance aux Chansons », le *Petit Chose,* les parcs à huîtres, la *Faute de l'abbé Mouret,* la valse à deux temps, le mouvement perpétuel, Venise, le Grand Prix de Monaco, le nœud et le trombone à coulisse, les coulisses de théâtre, *Libé,* les étrons de Sa Majesté Elisabeth *number two,* la Chaussée d'Antin, celle des Géants, le pot aux roses, la Cour de la Grande Catherine, la mort dans l'âme, l'impôt sur le revenu, le fluide glacial, les loups dans la bergerie, la conscience pour soi, le ticket modérateur, le jeton de présence, le cahier d'absence, la culotte mouillée, le prix du veau, la fortune du pot, Ravaillac (qui sans Henri IV serait demeuré totalement inconnu), le gratin de cardons, le volubilis, le *Chant des Partisans,* le...

Attends, faut que j'aille répondre au téléphone, je te terminerai la liste dès que j'aurai raccroché (1).

Alors bon, je philosophe à prix coûtant lorsque mon pied droit enfonce la pédale du frein avec une telle violence que mon anus préféré se sépare momentanément de la banquette.

Un obstacle, là, devant moi sur le pont ! La voiture qui me précède vient d'embarder pour l'éviter et il m'échoit brutalement. Je pile à moins de deux centimètres d'un enchevêtrage de jeune fille et de vélo. Mon réflexe de professionnel du danger est d'allumer mes feux de détresse. Des coups de klaxon saluent cette initiative. Un mecton avec une automobile merdouillarde achève son propre ralentissement dans le fion de ma chignole de loc. Rien de grave : du pare-chocs meurtri. Je me précipote sur l'accidentée.

Secousse de mon être : une vision sismique ! Mon âme se met à couler comme une blenno parvenue à maturité.

Une superberie à l'état pur. Elle porte un jean noir, un sweater blanc, une veste en ciré, des baskets blanches. Elle est blonde à profusion, cheveux mi-longs

(1) Te formalise pas pour cette litanie (au singulier) sur l'Univers. C'est mon dada du moment et j'ai besoin de le monter. J'y reviendrai encore et encore, tu verras.

coupés un peu avant les épaules. Regard d'un bleu qui, tout de suite, te congestionne les glandes. Large bouche non fardée parce que naturellement très rouge. Une plaie (et bosse) met une étoile moscovite sur sa pommette gauche. Elle a le dessus de la main droite sérieusement contusionné. Les deux roues de sa bécane forment des débuts de « 8 » et le cadre est cassé.

— Le sagouin ! grommelle-t-elle. Il a failli me tuer et ne s'est même pas arrêté !

— Je vais faire demander des secours, dis-je, ne bougez pas.

— Non ! proteste-t-elle, je n'ai pas grand-chose. Si vous voulez m'aider à me mettre debout...

Tu parles que je veux ! Je passe derrière elle, la ceinture au niveau de la poitrine ce qui me permet (en tout bien tout honneur) de constater deux seins exquis qui tiennent admirablement dans mes mains. Je la hisse. La voici verticale, légèrement fléchissante de la cheville droite.

— Vous pouvez tenir seule ? je murmure.

— Si vous voulez bien me prêter votre bras, le temps que je me dénoue.

Elle s'appuie, cloche-patte sur place, finit par me lâcher.

Elle me trouble, moi, le queutard dont la bistoune bâtie à chaux et à sable défie les intempéries. Sa joliesse, sa meurtrissance, son parfum naturel la transcendent. Elle sent la jeunesse en bonne santé.

Des tomobilistes nous contournent avec un regard mécontent parce qu'on les dévie de quelques centimètres.

— Vous croyez vraiment ne pas avoir besoin d'une ambulance ?

— Mais oui, soyez tranquille.

Elle considère l'épave de sa bécane et fait la moue. D'un mouvement déterminé, elle se baisse, la saisit, s'approche du parapet en clopinant et la balancetique dans l'océan après s'être assurée qu'aucun bateau ne passe sous le pont.

— Il n'était plus récupérable, dit-elle, sans marquer d'émotion particulière.

— Vous avez l'esprit de décision ! fais-je, admiratif.

Sur ces entrefesses, un gonzier à mobylette vient à nous. Il a coupé son moteur et fait de la marche arrière en s'aidant des paturons. C'est un zig du genre mareyeur, si tu vois ce que je cause ? Pantalon de coutil, mi-bottes de caoutchouc, gros pull de laine bleue, casquette à visière dure. Il pourrait se nommer Frédéric car il a la barbe rousse, de même que les poils du cul, aux dires de sa belle-sœur. Bonne trogne vultueuse, piquetée de bubons en éclosion. Sur son gros tarbouif tu as la carte des voies navigables d'Amsterdam.

— Notez ! Notez vite ! fait-il d'un ton étrange venu d'ailleurs.

Et de réciter, comme un hypnotisé te raconte l'assassinat de Raspoutine reconstitué à l'aide d'une boule de cristal, une série de chiffres ponctués de lettres.

Avec l'intelligence fougueuse qui me caractérise, j'ai illico pigé que le digne homme a mémorisé le numéro minéralogique du chauffard ayant causé l'accident et que, redoutant la fragilité d'une cervelle fortement imprégnée de calva, il s'en libère dans les meilleurs délais.

— C'est enregistré, le délivré-je-t-il, merci.

— La marque de la bagnole, je saurais pas vous la donner, regrette ce zélé ; mon réflesque, ça a été de lire la plaque.

— Là était l'essentiel, le rassuré-je.

— La petite demoiselle n'a pas trop de mal ?

— J'espère que non : je vais la conduire chez un médecin.

— Pas la peine ! assure l'accidentée.

— Un détail que je peux aussi vous faire part, ajoute le mollusqueur : y avait un énorme saint-bernard à l'arrière de la voiture, avec une grosse tête de veau, vous voiliez ce que je veux dire ?

— Parfaitement.

— Nourrir des bestiaux de ce gabarit, faut en avoir les moyens ; quand vous songez qu'en Afrique, y a des gosses qui meurent de faim !

Il nous lâche sur cette considération non dénudée de fondations, comme dit volontiers Béru.

J'aide la gosseline à prendre place dans ma tire. Elle ne peut réprimer une plainte en s'y asseyant.

— Ecoutez, petite, dis-je avec péremptoirité, on va aller dans un dispensaire, ne serait-ce que pour prévenir les risques d'infection !

Cette fois, elle ne proteste pas ; pose sa tête sur le dossier du siège, ferme les yeux. Elle souffre, c'est évident. Mais stoïquement, sans en faire un frometon.

Une moitié d'heure plus tard, nous arrivons à Rochefort, patrie de Pierre Loti, mais ce n'est pas grave, où un agent de police nous indique ce que je cherche. La pauvre vélocipédiste devenue piétonne à part entière par l'inconséquence d'un chauffard s'est assoupie si profondément que j'ai quelques difficultés à la réveiller.

Elle pénètre dans l'infirmerie en boquillant, appuyée sur mon bras. Le choc semble l'avoir déstabilisée après coup, ce qui est fréquent dans ce genre de traumatisme.

Un infirmier maussade s'occupe de la chérie et commence par l'essentiel, c'est-à-dire par lui faire décliner son identité. J'apprends ainsi qu'elle se nomme Eve Romandie, qu'elle habite Clermont-Ferrand et qu'elle séjourne à Oléron en attendant la réouverture de la faculté de lettres où elle mènera des études évasives qui ne l'empêcheront pas de se marier un jour et d'avoir de beaux enfants.

Lorsqu'elle a reçu sa piqûre antitétanique et que ses plaies ont été dûment désinfectées et pansées, je règle les prestations dont elle vient de bénéficier et la rembarque pour une destination que j'ignore encore.

— Je vous remercie de vous être occupé de moi, me dit-elle. Laissez-moi votre adresse, je vous enverrai un mandat pour vous rembourser, car je suis partie sans argent.

Protestations d'usage de l'éminent Santantonneau.

— Où allez-vous ? questionné-je.

Et sais-tu ce qu'elle me répond ? Tu donnes ta langue ? Montre-la un peu ! Pouah ! Elle est dégueulasse !

Elle me dit, tout tranquillos :

— Je rentre à Clermont-Ferrand.

Alors là, mon testicule gauche manque se décrocher, ce qui serait dommage car c'est le plus gros.

— A pied ? effaré-je-t-il.

— Il le faut bien puisque je n'ai plus de vélo.

Elle est tranquille, relaxe, Max ! A croire qu'elle profère une chose extrêmement normale.

Dès lors je me dis que de deux choses l'une : ou bien l'accident lui a décoiffé la pensarde, ou bien cette gosseline ne ressemble pas aux autres êtres vivants homologués sur cette putain de planète !

Mentalement, je trace sur une brème routière imaginaire l'itinéraire Oléron/Clermont-Ferrand ; y a de quoi user ses pompes, franchement.

— Si je résume votre situation, dis-je-t-il, vous allez traverser horizontalement la moitié de la France à pied et sans argent.

— A pied PARCE QUE sans argent, rectifie mon Ophélie de la grand-route.

— Si vous me racontiez votre histoire, mon chou ? Je suis persuadé que j'y prendrais, tout comme à Peau d'âne, un plaisir extrême.

Elle hoche la tête.

— Sûrement pas, car c'est une aventure stupide. Où m'emmenez-vous ?

Bonne question à laquelle je ne réponds pas. Je roulais, avec elle à mon côté, la gamberge accaparée par mon enquête et aussi par ma rencontre avec la jeune blessée. Certains débuts d'affaires me plongent dans un flou artistique qui constitue une période préparatoire. Zone indécise où mes capacités professionnelles prennent leurs marques. J'opère un effort pour me reconcentrer. Au moment de l'accident, je me rendais dans la ville de Pierre Loti afin de m'y chercher un hôtel, ceux d'Oléron étant complets du fait de la saison.

L'adjudant Narguilé m'a recommandé *La Corderie Royale* sur les rives de la Charente. Le hasard me jouant

gagnant, pile je perpendicule devant un panneau qui annonce l'établissement. Architecture intéressante que celle de cette ancienne corderie fondée par Colbert.

L'hôtel en pierre blonde qui la jouxte, comme on dit puis, a belle apparence. Une piscine creusée sur le terre-plein de l'arrivée propose son eau bleue à une clientèle bedonnante et variqueuse aux bourrelets pareils à de la lave en fusion sur le flanc d'un volcan, mais y a aussi quelques gerces potables.

— Merci pour votre altruisme, me fait ma compagne en descendant de voiture avec lenteur. Vous voulez bien me laisser votre adresse pour que je puisse vous rembourser l'argent du dispensaire ? me demande-t-elle à nouveau.

En père turbable, je lui montre ma brème. Elle haut-le-corpse.

— Directeur de la Police ! brumisse l'adolescente à défaut de pouvoir faire mieux.

— *Yes, Miss;* maintenant cessez de déconner et suivez-moi !

— Mais où ?

— On va voir si ce ravissant hôtel a des chambres à nous louer. Vous n'allez pas prétendre partir à pince-broque pour Clermont-Ferrand, à la nuit tombante, blessée et sans carbure !

J'ai parlé un brin secco, comme on s'adresse à une petite fille qui commence à te tartiner le dessous des aumônières avec ses espiègleries à la mords-moi le paf (mais pas trop fort !)...

Vaincue, un chouïe vexée mais impressionnée, elle me filoche le train d'atterrissage jusqu'à la réception où une aimable Vendéenne au regard doux et loyal m'aver-

tit qu'il ne lui reste qu'une seule grande chambre, qui vient de se libérer ; mais, assure-t-elle, on pourra y dresser un lit d'appoint « pour ma jeune fille ».

Là, espère, j'en morfle un coup dans la gueule : « MA jeune fille ! ».

Y aurait des déprédations sur la façade san-antoniaise, ou quoi ?

Je m'accorde un coup de périscope dans une grande glace opportune qui dissipe mon inquiétude.

On est indulgent avec soi-même.

CHAPITRE

Ayant jeté ma valoche sur le couvre-lit, je propose à Eve de nous rendre à la clape tout de suite : je déballerai mes effets *mas tarde,* comme disent les Espagnols.

La salle à manger vitrée donne sur la Charente, aimable fleuve côtier qui subit le mouvement des marées encore assez loin de son embouchure. De gros bateaux le remontent aux heures propices. Vision surprenante que celle de ces barlus ventrus semblant déambuler à travers la campagne. Surréaliste, je trouve. Moi dont les origines sont alpines, je suis fasciné par cette ambiance océanique aux horizons plats.

Je mate les rives provisoirement nues, me demandant si l'eau continue de baisser ou si, au contraire, elle regrimpe peinardos. C'est un peu comme la lune : je ne sais jamais où elle en est de ses changements de quartier.

La gosse ne moufte pas, gagnée elle aussi par la paix qui nous entoure.

Le maître d'hôtel nous rambine avec son menu grand format qui raconte plein de bonnes choses. Je demande à ma protégée ce qu'elle aimerait manger ; elle me dit n'avoir aucune idée et me laisse décider.

J'opte pour des moules à la crème, la crêpe aux fruits de mer et des côtes d'agneau. Elle récrie que c'est trop. A quoi, en parfait produit de la société de consommation, je rétorque qu'il vaut mieux plus que moins. Une boutanche de muscadet sur lie complétera nos agapes.

Le crépuscule étend ce que le père Hugo appelait « ses voiles », image très forte, même pour un lecteur natif de Bourgoin-Jallieu où il n'est d'autres voiles que les chemises des petites Berjalliennes. Le ciel ballonné s'obscurcit langoureusement, en déclinant des lueurs allant du rose crevette à l'indigo.

— Bien, attaqué-je, avec cette brusquerie qui m'a empêché de devenir horloger ou artificier comme j'en ai caressé le dessein (des seins, j'en ai caressé d'autres depuis pour me consoler), parlons un peu de vous, ma gentille amie. Quelles tribulations vous ont amenée sous les roues d'un chauffard, dépourvue de tout viatique ?

Elle y va de son récit. Il est bref, assez banal, mais incite à la révolte :

— Mes parents sont divorcés. Mon père, qui est huissier de justice, s'est remarié avec une avocate dont il a un enfant. Ma mère travaille comme assistante chez un médecin, et tout me porte à croire qu'elle est devenue sa maîtresse, ce qui me fait mener une existence assez solitaire. Je me suis organisée dans ce demi-isolement. J'ai la passion de l'écriture et quand j'ai trop de vague à l'âme, je confie ma peine à un cahier à reliure spirale que je ne ferai jamais lire à personne. (Elle ne tient pas compte de mon amorce de geste protestataire et enchaîne :) Cet été, j'ai eu envie d'aller passer un mois dans une île. A défaut des Bermudes ou des Antilles, je suis venue à Oléron. N'étant pas fortunée, j'ai fait la route à vélo en trois étapes. Parvenue à destination, j'ai loué un bungalow d'une pièce dans un campement tenu par un affreux bonhomme qui, illico, a essayé de me sauter. Le genre de sadique-hydre, avec des tentacules répugnants qu'il promenait sur tout mon corps à la fois. Je lui ai déclaré que s'il insistait j'irais le dire à sa femme qui travaille avec lui. Il a laissé tomber ses privautés pendant quelques jours, mais sa pauvre épouse a dû se faire hospitaliser et, du coup, l'horrible personnage s'est déclenché et m'a vraiment persécutée.

« De guerre lasse, je suis allée me plaindre auprès de la gendarmerie. Le sale type s'est fait apostropher d'importance. Evidemment, mon premier réflexe a été de quitter son camping, seulement c'était complet partout. A compter de cette intervention policière il a paru se désintéresser de moi ; en fait il cachait son jeu. Aujourd'hui lorsque je suis rentrée de la plage, j'ai trouvé mon cabanon saccagé. On m'avait tout pris : mon argent, ma pauvre médaille de baptême et jusqu'à mes vêtements de rechange. Il a été le premier à porter plainte pour bris de matériel et a prétendu que je recevais des types louches, ce qui est rigoureusement faux. Ecœurée, dépouillée, j'ai décidé de rentrer à la maison. Le reste, vous le savez. »

Elle se tait. Je la contemple, le cœur serré.

« Cosette, me dis-je, et le méchant Thénardier. Il n'y a rien de nouveau sous le soleil. »

Nous dînons de bon appétit. On parle d'un peu tout et de n'importe quoi. J'enjoue (du verbe enjouer, 1er groupe). L'amuse de mon mieux avec mes traits d'esprit dont certains sont, je trouve, désopilants sur les bords et entre les jambes pour peu que tu écartes un peu les poils. On jaffe avec cet appétit féroce que te donne l'air marin joint à une journée fatigante.

La bouffe expédiée, on fait quelques pas dans la fraîchouille nocturne. Un voilier sans voiles est amarré à deux grosses bittes dans un creux du fleuve. Il geint doucettement dans la brise nocturne. Sous le ciel de velours noir, la Charente a des éclats d'argent. Je peux te faire tremper ton slip avec des descriptions encore plus poussées, mais tes abjectes sécrétions ne m'intéressent pas.

Nous marchons en nous tenant par la main, kif deux enfants sages. Ça s'est fait innocemment, d'un accord commun. On ne parle pas. Je me dis qu'elle a encore comme une odeur d'enfance, Eve. Faudrait peut-être que je la prenne contre moi pour lui rouler un caramel, non ? Tu crois qu'elle serait partante et que, une caresse en amenant une autre, je parviendrais à lui rouler la pelle du soir au bord de l'eau paisible ? Je chique à Perrette et le pote au lait, j'entrevois que, la galoche princière se prolongeant, j'arriverais à lui pratiquer une main tombée au frifri. Pas une brutale ; une qu'effleure seulement, du genre zéphyr. Qui se fait insinuante si pas de résistance trop marquée.

Pourtant, je refrène mes merveilleux bas instincts. Cette ado que j'ai tirée d'embarras, je vais pas lui présenter la note sous forme d'un beau paf à tête chercheuse, tout de même ! Pas déjà ! Pas commak, à l'engouffrage féroce ! Forniqueur, soit, mais en restant gentleman.

Tu vois jusqu'où je pousse la galantine française ?

dirait Alexandre-Benoît. Tiens, au fait, que branle-t-il le gros boudeur irascible ? Faudrait le préviendre que sa grosse s'est nazé une guitare en voulant faire de l'alpinisme. Demain je tâcherai de lui passer un coup de grelot pour le mettre au parfum. Ce sera peut-être, et indirectement, le prétexte du rapprochement avec ses beaufs proscrits ?

La chambre est assez vaste et décrit un « L » majuscule d'imprimerie. La partie horizontale constitue une sorte d'alcôve fermée par un rideau. Je déclare à ma protégée que le lit à une place qui s'y trouve me conviendra parfaitement, mais elle refuse énergiquement.

Alors, bon, je la laisse prendre possession de l'endroit et repars pour Oléron où je prétends avoir un rancard nocturne avec mes collègues de la gendarmerie. Chaste bisou sur son front pur. Peau douce, odeur suave, regard lumineux. Tu crois qu'on lui a déjà dégusté le frigounet, à cette exquise ? J'ose pas trop y songer, sinon je vais marcher au pas de l'oie !

***

C'est écrit en arc de cercle sur une tôle rouillée : « Camping de la Maugréance ».

A l'entrée, une petite bicoque peinte en vert et jaune. Au-delà il y a un champ, cerné par la forêt maritime, sur lequel fourmillent une quantité de constructions précaires, style clapier, d'une chambre ou deux avec, à côté de chacune, un emplacement pour la bagnole sans lequel l'affaire serait inexploitable. Le vacancier ne sait pas vivre éloigné de sa tire. C'est elle qui, bien davantage que sa femme, sert de pivot à sa pauvre vie de chaussette trouée.

De-ci, voire de-là, les occupants de ces cages à nœuds profitent de l'air nocturne. On perçoit un rire de femme chatouillée, et qui sait : baisée peut-être, car il y a des pétasses que ça fait marrer ! Plus loin, des jeunâstres s'essaient à la guitare et chantent des trucs anglais avec l'accent de Belleville.

Laissant ma tire hors de ce camp de concentration, je marche vers la maisonnette bicolore qui porte en fronton un écriteau marqué « Ofice » avec un seul « f » par souci d'économie. La porte est vitrée. Elle donne sur un local incertain comprenant un bureau, des sièges d'osier, et un poste de télévision du treizième siècle. Devant l'écran plein de mon cher Patrick Sébastien, y a un kroume mal rasé (ou mal barbu, au choix), vêtu d'un chandail couleur pisse froide qui se gratte les testicules.

Je toque à la lourde.

— Mouais ? dit l'individu du ton affable d'un policier de la route dont tu viens d'embugner la moto.

Prenant ces deux brèves syllabes pour une invite, je pénètre dans « l'ofice » au moment où ça se marre dru dans le poste.

Le téléspectateur me propose l'une des plus sales gueules qu'on ait jamais vues sur l'île d'Oléron. Il a les joues creuses sous sa malrasance, un regard rouge aux cils farineux, une bouche dégueulasse dans laquelle t'oserais même pas introduire un thermomètre et qui pue encore à trois mètres pis qu'un chiotte bouché.

— Je suis complet ! fait cet être délicat.

— Vous avez déjà reloué le bungalow de la petite Romandie ? demandé-je avec amabilité.

Il embrume, puis renaude :

— Qu'est-ce vous racontez ?

— Eve Romandie est l'exquise jeune fille blonde que vous voulûtes violer, déclaré-je, et que vous finîtes par virer ce matin comme une malpropre.

Sans attendre sa réaction, je traîne une chaise face à la sienne.

— Eve est ma nièce, assuré-je, et je l'aime beaucoup. Les gens qui s'en prennent à elle deviennent automatiquement mes ennemis d'enfance et cessent d'être heureux pendant un certain temps.

Cette aimable tirade, quelque peu ampoulée (elle vous est offerte par Mazda), ne laisse pas que de le troubler. Il tarde à la décrypter. Y étant parvenu, il renaude :

— Votre nièce est une petite pute, foutez-moi la paix sinon j'appelle la police.

Ma réaction pourrait convenir à un sanguin de l'espèce béruréenne : je lui allonge une tatouille qui le fait chanceler sur son siège. Il en méduse, le vilain. Se demande s'il convient de crier au secours ou, au contraire, de laisser enfler sa joue en silence. Une lueur de haine, mêlée de trouille bleuâtre, fait ressembler son regard aux anneaux des jeux olympiques.

— Je porte plainte ! balbutie-t-il.

Je sors ma brème de ma vague et la place devant son pique-bise. Médusé, il en prend connaissance.

— Je vous écoute, fais-je, déposez votre plainte. Lorsque je l'aurai enregistrée, je vous arrêterai pour tentative de viol sur une mineure et vol d'effets personnels et d'argent. Ça ne va pas faire de la pub à votre camp de concentration, ni hâter la guérison de votre rombiasse, croyez-moi...

Son regard battu par l'océan fait de plus en plus songer à deux glaves de tubard parvenu en phase terminale.

— Je proteste contre ces accusations mensongères ! parvient-il à articuler malgré l'importante fluxion qui le défigure à toute pompe.

Il va pour se lever, mais je le saisis par son tricot et le maintiens assis d'une poigne de fer.

— Pas tout de suite, monsieur Thénardier. Vous allez entendre ce que j'ai à vous dire.

— Vous me brutalisez ! hoquette le mono-joufflu.

Il est tellement veule dans sa protestation que je ne peux résister au vif plaisir de gifler sa joue disponible où il y avait un emplacement à prendre.

— Ecoute, cancrelat, je te propose un marché inespéré pour toi : tu me rends ce que tu as engourdi à la petite et je tente de t'oublier ; sinon je te passe ces jolies menottes et t'embarque à la gendarmerie. Personne ne t'a jamais fait une offre de cette qualité ; la refuser marquerait pour toi la fin de ta quiétude scélérate.

— Je n'ai rien commis de répréhensible ! zozote le chafouin. Bien que vous soyez policier, vous ne m'en ferez pas démordre et je vais porter plainte contre vous pour coups et blessures.

Au lieu de lui répondre, je tire mes menottes de ma fouille (j'ai la même paire depuis des lustres) et lui emprisonne un poignet de ce geste auguste, sec et précis, du poulardin chevronné. Rien qui modifie plus rapidement la psychologie d'un individu que ces bracelets d'acier, à croire que leurs boucles « étouffent » celui à qui on les passe.

Je tire le bonhomme dans la pièce voisine qui est une cuisine cradoche où s'élaborent des bouffements bizarres à l'usage de ses pensionnaires.

De là, l'un halant l'autre (parce que l'un n'allant pas sans l'autre), je commence une exploration méthodique de la crèche. On visite « l'ofice » de la cave au grenier, ce qui est manière de parler car il n'en comporte pas. Guignant mon lascar à la dérobée, je constate qu'il marque un certain ragaillardissement. De là je conclus que je gèle.

Dès lors, l'incomparable San-Antonio fait la tournée de ses méninges. Il se dit : « Je suis cet affreux mec. Je veux faire croire qu'on a cambriolé le bungalow d'une fille avec qui j'ai eu des démêlés. Je ne suis pas assez con pour planquer son petit bazar chez moi. Alors ? Le plus prudent serait évidemment de m'en débarrasser en le jetant à la mer, voire de l'enterrer en forêt. Seulement je suis un sombre grigou qui ne se résout pas à détruire des effets et objets d'une certaine valeur... Conclusion : je les planque ! Mais *achtung*, je ne dois pas être vu. »

De guerre lasse, je reviens à « l'ofice ».

Le gars ne me perd pas de vue. Avec mon sens divinatoire bien connu, je m'efforce de percer ses pensées. Celles-ci sont de deux sortes. D'une part il est rassuré par l'échec de mes premières investigations ; d'autre part, il redoute mes initiatives suivantes. Il s'agit d'entretenir savamment son tourment.

Je le pousse dans le fauteuil d'osier qu'il occupait naguère.

— Tu vois, bonhomme, murmuré-je-t-il, il est évident que je vais trouver. Ma première perquise n'était qu'un galop d'essai, histoire de m'assurer que tu es plus rusé que ton air con ne le laisse supposer. A présent, on passe la vitesse supérieure.

Mains aux fouilles, je me prends à arpenter le burlingue. T'as aucune idée de l'électricité que dégage mon cerveau réacteur. Une pile électronique.

Je considère la pièce en rêvassant. Patrick Sébastien poursuit son show dans une délirade endiablée. Il ouvre un coffre et en sort une clé grosse comme une arquebuse.

— « Et voici la clé des songes ! » déclare le fantaisiste (ô combien !).

« Non, me fais-je familièrement car je suis demeuré très simple avec moi-même : c'est la clé de l'énigme ! »

CHAPITRE

A vrai dire, je ne vois pas très bien pourquoi je change de chapitre pour continuer une même action avec le même personnage. Il s'agit là d'une licence passablement hardie que seul un écrivain de ma qualité, intrépide de partout, peut s'autoriser, n'ayant aucun souci du camp-du-raton.

Ce qui m'a incité à le faire ? Sans doute ce besoin inné de suspense qui est la marque des véritables auteurs de romans d'action. Mais à quoi bon disserter sur un réflexe professionnel qui, comme tout réflexe, échappe aux règles et conventions d'un métier harassant, soumis la plupart du temps à l'appréciation de sombres cons pour qui l'écriture n'est qu'un métier semblable aux autres ?

Pour t'en reviendre à notre brûlant propos, au-delà de l'écran de télé se trouve le panneau des clés. Dans un motel, contrairement à ceux d'un hôtel, les locataires conservent leur carouble pendant toute la durée de leur séjour. Or, il en subsiste une au tableau, alors qu'il y a un moment, le taulier m'a affirmé qe son camp de concentration était *full*.

Faut-il posséder le génie de la chose policière pour réagir à un tel détail !

Le motelier qui ne perd rien de mes fez et gestes a noté ma tiquerie et une lividité qui m'est de bon augure s'épand autour des tuméfiances que je lui ai infligées.

— On dirait que je brûle, non ? lui fais-je-t-il en allant décrocher l'objet.

Une plaquette de plastique est fixée après l'anneau ; elle porte le numéro 22. Je souris de cette ironie du sort en la brandissant sous le nez du mironton.

— Suis-moi ! intimé-je.

D'un coup de savate je fais basculer son siège ; il se retrouve à quatre pattes et se relève difficilement because la gracieuse chaînette qui unit ses poignets.

Le bungalow 22 est situé à l'extrémité du camp. A cause de mes menottes qui risquent de ternir son autorité directoriale, le vilain décrit un grand tour pour l'atteindre, afin d'éviter ses pensionnaires incouchés occupés à palabrer, flirter ou chanter dans la nuit mal lunée.

La crèche qui m'intéresse est en cours de réparation ; une tempête a déraciné un arbre en lisière du campinge et une branche maîtresse a défoncé le toit. L'accident est récent car les travaux de réfection n'ont pas encore commencé. Faut dire qu'en saison haute, les gonziers du bâtiment sont suroccupés.

Je dépone et pénètre dans la gentilhommière. On aperçoit le ciel obscur par une forte brèche. On a étalé une bâche pour protéger la cahute des pluies éventuelles, mais le vent qui souffle toujours dru sur l'île ne la laisse pas en place. Le pauvre mobilier a été rassemblé au centre de la pièce et recouvert également d'une toile imperméabilisée. J'arrache icelle. Une table, quatre chaises, un meuble de bois blanc qui se donne une vague allure de commode sont blottis là, attendant qu'on les rende à leur mission.

Je coule un œil gentillet sur le proprio. A la fâcheuse lumière d'un lustre de raphia, il me paraît pas très frais, le marchand de vacances au rabais.

— Je sens que je brûle, lui dis-je en tirant sur l'un des trois tiroirs.

Rien. De même que dans le second. Evidemment, c'est généralement (1) dans celui du bas qu'on range les objets lourds.

Une valdingue de cuir m'apparaît ; vieille, râpée, mais qui garde toujours son apparence confortable. A ce détail, on voit qu'Eve est d'une famille de petits-bourgeois.

— Tu comprends ce que c'est un vrai flic, Machin, je fais au vilain. Le pif, mon drôle. Tout est dans le tarin, chez les chiens truffiers.

Je dépose le bagage de la mignonne sur la table, l'ouvre pour l'inventorier. Emoi ! C'est chaste et excitant cette lingerie blanche. Deux jeans, deux robes imprimées, une jupe, un pull, un imper, des tennis et des souliers de cuir de chez Céline. Et puis quelques bouquins : Chateaubriand, Voltaire, Rousseau ; en vente dans toutes les pharmacies et chez certains droguistes spécialisés.

Croive-moi, dirait le Gravos, ce n'est pas par vice que je tripatouille ses affaires, mais pour réaliser une mise au point indispensable.

(1) Et non pas « général allemand » comme dit Le Pen.

— Ne manque plus qu'un bijou de famille ainsi que les économies de la pauvrette, déclaré-je en rebouclant la valdingue. Je suppose que tu vas les restituer sans que j'aie besoin de massacrer ta sale gueule, l'ami ?

Et de lui administrer un coup de valise dans les noix pour le faire avancer.

On regagne son logis. Une rage noire me bricole le tempérament. Un zig pareil, j'aimerais lui découper les testibules avec des ciseaux de brodeuse. J'ai connu des meurtriers endurcis vachement plus sympas que lui. Mais notre univers est peuplé de criminels épargnés par la justice, de sadiques qu'on salue courtoisement, d'assassins en puissance devant lesquels on s'efface pour leur laisser la priorité.

Retour à « l'ofice », je le libère de mes menottes.

— Va chercher ce qui manque et remue-toi, tu m'as assez fait perdre de temps.

Il gagne sa chambre, se met à quatre pattes devant son pageot et, bien évidemment, passe une main sous le matelas. Ils sont vachement inventifs, ces furoncles ! Me tend une médaille avec sa chaînette ainsi qu'une enveloppe contenant mille huit cents francs. J'empoche.

— Tu dois connaître les gendarmes de par ici, non ?

Acquiescement contraint.

— L'adjudant Narguilé ?

— Oui.

— Figure-toi que nous travaillons ensemble présentement. Tu as entendu parler, naturellement, du cadavre dans la barque du motel ?

Piteux hochement de tronche.

— Demain, je lui raconterai notre odyssée nocturne. Je peux t'assurer qu'à partir de désormais, ta vie ici va se mettre à ressembler à une flaque de dégueulis, mon bonhomme !

Je biche l'anse de la valise et sort de « l'ofice ».

Mais je n'ai pas parcouru dix mètres que ce con me hèle depuis la lourde demeurée ouverte :

— Hé ! Monsieur le policier !

Je me retourne.

Il me fait, comme ça, d'un ton cireux :

— J'ai peut-être quelque chose à vous dire...

CHAPITRE

Tu sais que ça lui va bien, un pain dans la gueule à ce nœud coulant ? Ça remet de la symétrie dans ses traits et lui donne des couleurs qui n'ont pas fini de changer au fil des jours à venir.

Il me gesticule avec l'énergie du machin, kif un naufragé accroché à une épave qui voit passer devant lui un transatlantique plein de lumières et de musique.

Intrigué par ses sémaphoreries, je reviens sur mes pas.

— T'as des angoisses, bonhomme ?

Il a l'air exagérément faux-cul d'un acteur amateur jouant *l'Avare.*

— Écoutez, directeur, cloaque-t-il avec des filaments sanguinolents aux commissures, d'accord, j'ai mal agi. Avec ma pauvre femme malade à l'hôpital, je n'ai plus toute ma tête. Si j'aidais la Police, vous croyez qu'on oublierait ma connerie ?

— Qu'entends-tu par « aider la police » ?

— Au sujet de ce qu'on a découvert sur le toit de mon confrère.

Je ne me mouille pas. Prudence et circonspection, toujours, lorsque j'ai devant moi un faisan de son espèce.

— Vas-y, je t'écoute.

— Ne restons pas dehors, fait-il.

Retour dans son gourbi. Tiens, ça pue l'aigre, j'avais pas remarqué, moi l'olfactif. Son regard rouge fait songer à celui d'un renard souffrant de conjonctivite et y a des traces de pisse dans sa région braguettaire. Et ce vieux sagouin prétendait s'offrir l'adorable petite Eve ! Franchement, ils sont inconscients, les hommes. Note que, parfois, leur suffisance est payante et qu'ils se tapent du fruit vert curieux de voir de près des débris de bite charançonnée. En somme, ils obtiennent de la chair fraîche au bénéfice de la documentation, ces pourris.

— Déballe ce que tu souhaites me dire, il commence à se faire tard et demain j'ai école ! le brusqué-je.

— D'après les bruits qui circulent, ce mort serait sur le toit depuis peut-être plusieurs semaines ?

— Continue, Ducon : un beau récit, faut pas le hacher menu, c'est pas du persil.

Il tente de sourire, mais avec sa fluxion l'exploit lui devient de minute en minute plus aléatoire ; c'est comme s'il avait un cul de babouin à la place de ce qui fut son visage.

— J'ai parlé avec l'homme en question, il y a un peu plus de quinze jours.

— Qu'est-ce qui te le fait supposer ?

— Tantôt, lorsque le bruit s'est répandu qu'on venait de découvrir un cadavre dans la barque du toit, je suis allé voir sur place, comme la plupart des gens du pays. Je suis arrivé au moment où les gendarmes descendaient le mort. Je me trouvais à une certaine distance, mais je l'ai reconnu.

— Où l'avais-tu rencontré ?

— Il était venu ici, un soir ; il cherchait le motel de Paray dont il ignorait la raison sociale. Je le lui ai indiqué et il est reparti.

— A pied ?

— Non : il voyageait dans une Range-Rover noire conduite par une femme.

— Elle ressemblait à quoi, cette personne ?

— Vous savez, la nuit tombait et elle se tenait à une certaine distance. Il me semble qu'elle était blonde, mais je ne suis pas sûr. Je l'ai juste distinguée quand le type l'a rejointe car, en ouvrant sa portière, il a déclenché un instant la lumière du plafonnier. Il ne m'en reste qu'une impression fugitive. Je dirais : blonde, entre deux âges. Mais je n'avais aucune raison de lui prêter attention.

— Et après ?

— Ben après, rien, directeur. Je ne les ai plus revus.

Je réfléchis un bout. L'odeur désastreuse s'accroît. Je pense comprendre la raison pour laquelle je ne l'ai pas détectée à mon arrivée. C'est que le sale glandu n'avait pas encore chié dans son bénoche !

Il balbutie :

— Vous voyez : je fais ce que je peux pour collaborer avec la police ; alors vous laissez tomber au sujet de ma connerie ?

— C'est pas une connerie, c'est un crime punissable par la loi, rectifié-je.

Et je m'en vais, l'abandonnant à sa perplexité nauséabonde.

*
**

Tant que je noctambulise, je m'offre un crocheton par le motel du beauf. Juste pour voir. Ma vie répond toujours à des impulsions irréfléchies. Je te le répète, c'est souvent « après » que je les pense, ce qui me permet de constater qu'en fait elles obéissaient à une démarche basée soit sur l'instinct, soit sur une réflexion subconsciente.

Et me voici bien vite devant *La Barque sur le Toit*. Un silence océanique règne, c'est dire qu'il est souligné par la grosse rumeur de la mer, à laquelle se joint le chuchotis du vent, cet auxiliaire incontournable de la marine à voile.

Je range ma tire sous les platanes gaufriers et m'approche de cette seconde usine à ronflettes.

Plus personne dehors. L'établissement des beaufs correspond à une clientèle de gens pour la plupart mûrissants ou, en tout cas, inadeptes des veillées prolongées.

On entend seulement une dame qui chope son panard parce que son époux vacancier trouve un regain de sexualité et liquide son retinton à grands coups de rapière. L'heureuse bénéficiaire de cette troussée nocturne ne fait nul mystère de sa pâmade et tient, au contraire, à en avertir le voisinage. En termes concis, elle explique qu'elle va bientôt jouir pour peu que son partenaire force l'allure. Cet homme dévoué cède à ses exhortations et s'emballe de l'hypogastre. Les promesses de la femme n'étaient pas vaines et elle ne tarde pas à prendre un pied impétueux assorti de plaintes féroces rappelant l'agonie du lion blessé à mort.

Le calme revient ensuite sur le motel, interrompu

aussitôt après par les lamentos d'un bidet blasé qui aspire à une retraite méritée, ayant vu trop de cons au cours de sa carrière. C'est alors qu'une ombre massive se détache de la fenêtre de ce couple émérite. Je reconnais l'Intello qui termine sa tournée des tringlées. Stimulé par l'exemple, il se pogne en catastrophe et obtient cette fois une prompte libération, d'autant plus impressionnante qu'elle reste silencieuse malgré son abondance, comme l'écrit si joliment mon cher Jean Dutourd, de l'Académie Goncourt, dans sa biographie de Georges Marchais.

J'attends, dans l'obscuritance, que cet amant de la nature ait remisé sa pompe refoulante pour me découvrir. L'exquis demeuré semble profondément rasséréné par son offrande au monde immense et radieux.

Je viens à lui, aimable, mais m'abstiens de lui tendre ma dextre pour des raisons qui n'appartiennent qu'à moi.

— Ça va, mon ami ?

Il opine (à blanc).

— La vie est belle ? risqué-je, téméraire.

Il branle le chef (et là, je ne ferai aucun commentaire sur le verbe que je viens d'employer ; compte tenu de la situation, ce serait d'une affligeante facilité).

— Je voulais te demander : le type qui était mort dans la barque, tu l'avais déjà vu ?

Signe affirmatif du minus.

— Vivant ?

Acquiescement réitéré de l'invertébré de la pensarde.

— Tu l'avais rencontré ici, au motel ?

Négation.

— Où, alors ?

Il a un geste en direction de la forêt domaniale, toute proche.

— Dans les bois ?

— Moui !

Ça y est : il a parlé ! Dieu soit loué (pour la durée de mon enquête) !

— Et il y faisait quoi, dans les bois, mon grand ?

— Rien.

— Comment ça, rien ? Il se promenait, il chiait, il ramassait des champignons, il gravait son nom sur les arbres ?

— Rien, s'obstine l'homme aux méninges fanées.

Je mets une main fraternelle sur sa crétine épaule.

— Tu aimerais que je te donne cent francs, mon grand lapin ?

Il m'indique, par des gestes véhéments, qu'il juge cette idée excellente.

— Alors, montre-moi l'endroit où il se tenait et ce billet sera à toi.

Dare-dare, il fonce à longues enjambées en direction de la forêt. J'ai du mal à le suivre.

Voilà, ça se présente commak : il y a une échancrure dans les arbres avec, au centre, un monticule sur lequel fut érigée, dans de lointains jadis, une construction de pierre, probablement une chapelle. Il ne subsiste de la ci-devant construction qu'un tas de cailloux autour d'un trou.

Le demeuré s'arrête.

— Là ! fait-il en montrant les ruines.

— Eh bien, quoi ?

L'indigent hisse ses deux mains arrondies à la

hauteur de son regard pétillant pour figurer des jumelles.

— Il observait quelque chose ? risqué-je, craignant que le verbe « observer », bien que du premier groupe, ne lui soit par trop rébarbatif.

— Oui, finit-il par répondre massivement.

Je m'écarte de lui pour escalader le tertre et la vérité me gicle à travers la gueule comme quand tu mords dans une orange trop mûre.

Ce petit promontoire, grâce à une succession de trouées dans la verdure, permet une vue imprenable sur le motel d'Ambroise Paray. Donc, le gazier guignait les faits et gestes de son ancien camarade de pension.

Je tends le laxatif à l'idiot.

— Tiens, grand primate des Gaules, tu l'as bien mérité.

Il rafle et enfouille la coupure avec la prestesse d'une prêtresse de l'amour.

— Merci.

— Ce mec, tu ne lui as rien dit ?

— Non.

— Et lui, il t'a parlé ?

— Oui.

— Pour te dire quoi ?

— Il voulait que je rende ses vues.

Ses vues ? Ah ! oui : les jumelles.

— Tu les lui avais prises ?

— Oui.

— Pourquoi ?

— Parce qu'il regardait m'sieur Broise.

— Et tu ne les lui as pas redonnées ?

— Non.

— Alors ?

Il semble méditer sur cet « alors » par trop évasif pour son esprit réduit aux acquêts.

— Il a voulu les prendre !

— Ben, c'étaient les siennes.

— Mais il regardait m'sieur Broise ! proteste mon compagnon.

— C'est pas défendu, mon grand.

— Je veux pas !

— Il t'a forcé à les lui rendre ?

— Non, il a pas pu.

— Pourquoi ?

— Parce que je l'ai tué, répond gentiment le décoiffé de la houppe.

CHAPITRE

Tu sais que j'en ai vu !

Beaucoup d'autres, encore plus pas racontables ! Des biscornues, des incroyables. Des qui foutaient la chair de moule. Des qui guérissaient les hoquets chroniques. Des que t'en déféquais dans ton bénoche jusqu'à la ligne de flottaison. Des qu'époustouflaient, flanquaient de l'urticaire, de l'érysipèle, des furoncles couronnés de blanc telle la cime du Fuji-Yama. Mais dans le présent cas, j'éberlue de force 5 sur l'escabeau de Richter (Benjamin de son prénom).

Je considère le branleur chronique de l'œil dont tu regardes un caillou lunaire, lequel ressemble comme un cousin issu de germain à un caillou terrien.

— Tu me racontes une blague ? risqué-je.

Merde ! voilà que je le vexe. Il me jette un regard pareil à deux cataphotes de vélocipède, émet un cri escamoté ressemblant à un début de braiment et s'éloigne.

Je lui cours aux chausses.

— Hé ! te vexe pas : tu es mon copain. La preuve c'est que voilà un autre billet de cent balles. Je te crois, fils, je te crois : c'est toi qui l'as tué. Comment ça s'est passé, tu peux me raconter ?

Je te transcris pas in extenso ses paroles : j'ai rien d'un naturaliste fin de siècle. Avec sa pomme, faut de la patience, recueillir précieusement tout ce qui lui tombe, trier au fur et mesure. Que, toujours est-il, voici le résumé de ses confidences :

Lorsque le crétin à part entière a arraché ses jumelles à Marcel Proute, celui-ci ne l'a pas entendu de cette oreille et lui a sauté sur le poil. Afin de se dégager, le débile assermenté lui a flanqué un coup de coude dans le ventre. L'autre a continué de le malmener un instant puis a tout lâché et s'est écroulé sur le sol. Constatant qu'il ne remuait plus, l'embroussaillé de la coiffe s'est penché sur lui et il a fini par comprendre que le guetteur venait de mourir. Alors l'Intello a lancé les jumelles dans les taillis et s'est sauvé à tue-tête (de la part d'un déplafonné, ça n'a rien de surprenant).

J'opère des recherches nocturnes pour essayer de retrouver l'instrument d'optique, mais sans succès. Il faudra les reprendre de jour.

— Tu as parlé de cette histoire à Ambroise ?

Négation véhémente.

— Non plus qu'à sa femme ?

Ses poux doivent se cramponner ferme car le branleur branle le chef plus énergiquement encore que son membre.

— Donc, tu t'es sauvé et tu n'as pas retouché au mort ?

Là, une très belle réaction de cet être amoindri : il se signe.

— Oh ! non ! il s'épouvante.

— Alors qui l'a porté dans la barque du toit ?

Il hausse ses épaules de primate ayant stoppé son évolution.

— N'save pas ! il répond.

Je te livre cette brève réplique dans son texte d'origine afin de te faire réaliser le travail que je dois fournir pour te rapporter notre converse de manière limpide.

— Lorsqu'il a été mort, il t'est arrivé de revenir le voir ici ?

— Non !

— Pourquoi ?

— Il me faisait peur.

— Tu es bien sûr qu'il était mort ? Tu sais, quelquefois on s'évanouit en prenant un coup un peu fort ; mais par la suite on récupère et puis on recommence à vivre, à marcher, parler, tout ça...

Mon objection ne perturbe pas sa certitude.

Curieux meurtrier qui, au lieu de sauter sur cette perche tendue, s'obstine à prendre la responsabilité d'un trépas qui risque de chancetiquer sa pauvre vie galérienne.

— Si, si : mort !

— Raconte-moi bien comment ça s'est passé, l'Intello. Montre-moi ce qu'il a fait quand tu l'as eu frappé !

Le déguenillé du bulbe a un instant de prostration, ce qui doit correspondre chez lui à l'évocation du passé. Puis il s'anime. Je comprends qu'il mime son agresseur. Il ceinture un fantôme, danse une gigue de plantigrade, puis, brusquement rompt ce combat simulacré (plus fort que simulé) et reste quelques secondes debout, immobile. Sa bouche bée, ses lèvres se retroussent, son regard s'exorbite ; il adopte une expression étrange comme celle d'un homme fusillé, filmé au ralenti, et finit par s'écrouler.

— Je te remercie, mec, murmuré-je. Tu as raison, il était bien mort !

CHAPITRE

Bien qu'en proie à d'intenses réflexions, je ne roule pas sans remarquer que le voyant rouge de la jauge d'essence est allumé comme un nez de clown. La petite barre ne bronche pas du zéro dont elle semble être tombée amoureuse.

— Casse la tienne, mon gars, fais-je familièrement à mon réservoir, tu vas pouvoir biberonner dans pas quatre kilbus.

En effet, j'ai retapissé, en me rendant à Rochefort, une station importante dont il me surprendrait qu'elle n'eût pas une colonne à cartes bancaires.

Ma chignole tient le coup jusqu'à cette oasis dont les loupiotes trouent l'obscurité.

Comme je me range auprès de l'abreuvoir, j'avise une autre bagnole, devant la mienne, en train de se carburaniser.

Son propriétaire fait le plein d'un air morose. Quand il a terminé, il pousse son véhicule à la main, de quelques mètres, afin de me laisser la place, puis gagne un appentis waterclosien pour cause de vessie saturée.

Je prends sa place et, après la cérémonie de la carte de crédit (la plus importante invention depuis la pénicilline), engage le bec serveur dans le cul de mon réservoir, laisse floconner dru la précieuse nourriture qui dispense aux hommes le bonheur terrestre (le seul qui les intéresse vraiment). Et puis, le hasard...

Je t'ai souvent dit ce que j'en pensais en ma qualité de flic plus ou moins surdoué. Je mate la tire en attente à quelques mètres devant moi. J'y décèle comme un mouvement à l'intérieur. J'ébesicle et avise un animal énorme, avec une tronche débonnaire. Tu sais quoi, Eloi ? Un saint-bernard.

Dès lors (en Angleterre s'écrit « des lords ») je sors mon calepin (hérité de papa avec cinq cents autres) et recherche le numéro minéralogique du gazier qui a renversé la petite Eve. *It is the same!* Mais j'ai donc l'oigne bordé de nouilles aujourd'hui !

Le cœur léger, mais le poing monolithique, je me dirige vers les goguemuches.

Au moment où je les atteins, le maître du saint-bernard les quitte, l'air satisfait du mec qui vient de vider son réservoir à bière et qui croit, le con, que c'est pour toujours !

— Ça soulage, hein ? je lui fais d'un ton plaisantin.

Ce genre de boutade est incompatible avec son style. Il ressemble à un entrepreneur en je ne sais quoi de pas salissant. Pantalon gris, veste de daim beige, chemise à col ouvert bleue.

— J'ai pas de conseil à vous donner, lui dis-je, mais vous devriez vous mettre en garde parce que je vais vous flanquer mon poing dans la gueule.

— Non, mais ça ne va pas ! il effare.

Je lui lâche ma droite sur sa pommette gauche qui se fend.

Belle et brève rencontre.

Son ahurisserie jointe à son hématome lui donnent l'aspect d'un mur nouveau, brut de décoffrage, comme disent les maçons.

Ce qui prédomine chez lui, ce n'est pas la douleur, mais l'incompréhension. Il me voit moi, beau gosse, élégamment saboulé, connaissant la plupart des bonnes manières et certains accords du participe passé, la conjuguance des verbes du troisième groupe charognards en diable, et il ne sait plus que penser de ce pralinage totalement imprévisible.

Chose curieuse, pas un instant ne lui vient l'idée de se rebiffer ; cette passivité est assez fréquente chez les gens que tu as pris l'initiative d'estoquer le premier.

Mon intention initiale était de lui allonger une série de tatouilles : tout le documentaire au grand complet, mais son air abasourdi joue le rôle de la soupape de sécurité et je demeure immobile, avec mon manche à poing qui me pend le long de la cuisse.

— Qui êtes-vous ? finit-il par articuler comme un qui essaie de parler en tétant la paille de son gin-fizz.

— Je suis le type qui vous a vu renverser une jeune fille, ce tantôt sur le pont d'Oléron.

La stupeur s'ajoute au tatou que je viens de lui administrer pour transformer son physique en parc à huîtres pollué.

— C'est complètement fou ! articule-t-il plus mal que bien ; j'arrive à l'instant de Paris par le train du soir, ça ne peut être moi !

Tu connais la fable de La Fontaine (Wallace de son prénom) : « Si ce n'est toi, c'est donc ton frère ».

J'extrais de ma vague mon calepin noir et lui montre

son numéro minéralogique que j'ai inscrit sur la dernière page.

— En tout cas, il s'agissait de votre véhicule ; d'ailleurs il y avait votre bestiau à l'arrière.

Dès lors, comme on dit puis à Montcarra, ma « victime » s'aggravit.

— Vous avez vu le conducteur ?

— Pas eu le temps.

— Ce n'était pas moi qui pilotais !

— En ce cas, qui se peut-ce être ?

Il baisse le ton, ce qui porte moins atteinte aux mœurs que de baisser son bénoche :

— Mon chauffeur... ou ma femme.

Puis, presque aussitôt :

— Ce ne pouvait être Henri puisqu'il se trouve à Bordeaux.

Dis, il est friqué, ce gus, pour avoir un chauffeur. C'est un emploi qui se raréfie de plus en plus dans le privé, à une époque où les signes extérieurs (voire intérieurs) de richesse te mènent au trou en moins de jouge.

Je lui adresse une mimique de déplorance accentuée :

— Navré de vous avoir frappé à tort. La petite cycliste a été durement contusionnée et le délit de fuite qui a suivi l'accident m'a paru intolérable.

Il hausse les épaules.

— Je vous comprends, mais vous cognez sec.

Nous retournons à nos voitures. Je vais examiner l'avant gauche de sa Peugeot 604. Des traces de griffures sont lisibles au-dessus du phare et un creux marque le côté de l'aile, assorti de traces de peinture noire.

— Vous constatez ? demandé-je.

Il paraît accablé brusquement.

— Croyez-vous qu'on puisse « arranger » ce fâcheux incident sans rameuter la presse ? Je suis député et mes ennemis politiques ne manqueraient pas de monter la chose en épingle à chapeau !

Il a un pauvre sourire penaud d'homme public qui, par moments, doit rêver de se retirer dans un monastère tibétain.

— Pour dédommager la jeune blessée, offrez-lui un Solex, c'est le rêve de toutes les adolescentes, du moins de celles qui roulent à vélo.

Il me mate d'un air incertain, se demandant si, mine de rien, je ne chercherais pas à profiter de la situasse pour lui griffer de l'osier.

Alors je lui produis mes fafs et, du coup, sa méfiance se change en éperduance.

— Je ne m'attendais pas, monsieur le directeur...

— A recevoir une torgnole de moi ? Je suis très soupe au lait entier, comme vous l'avez constaté.

Ces balivernes échangées, je reviens au problème :

— Si je réalise bien, en votre absence et en l'absence de votre chauffeur, seule Mme votre épouse a logiquement pu occasionner l'accident ?

— Je crains que oui, avoue l'édile.

— Vous voulez lui annoncer ma visite pour demain en fin de matinée ?

Ça lui file un traczir de deuil, au députe.

— Vous pensez poursuivre ? se liquéfie-t-il.

— Non, rassurez-vous, mais quand quelqu'un commet un délit, fût-ce une femme de député, je tiens à ce qu'elle m'en donne sa propre version.

Puis-je vous demander vos nom et adresse, cela m'évitera de passer par le service des cartes grises ?

Il me tend rapidement une belle brèmouse gravée.

— Merci, dis-je en l'enfouillant sans la lire. Pour ce qui est de la mobylette, vous pourrez la faire livrer à la *Corderie Royale,* au nom de Mlle Eve Romandie, c'est là qu'est descendue la victime.

— Dois-je m'occuper de sa note d'hôtel ? interroge le malheureux élu du peuple, prêt à tout et au reste.

— N'allons pas jusque-là, fais-je ; cette jeune personne semble appartenir à un milieu aisé et ne demande pas l'aumône.

On s'en serre cinq sans rancune. Dommage que je déteste les décorations ; j'aurais pu obtenir une Légion d'honneur quelconque en plus du Solex ! Mais à quoi bon gâter le revers d'un costume ? C'est bien assez avec les pigeons.

CHAPITRE

Ne jamais rater les vrais spectacles. J'entends par « vrais » ceux qui vous ravissent l'âme et les sens, qui vous transportent dans d'admirables songeries scintillantes comme du strass.

Le sommeil d'Eve, crois-moi, c'est mieux qu'un coucher de soleil sur le Bosphore. Ça te fascine, t'émeut, te fais suinter de partout. Tu peux le contempler indéfiniment, à zyeux-que-veux-tu ! Tu te sens tapissé de velours à l'intérieur. Tu voudrais t'agenouiller devant cette sublimité comme devant une apparition céleste, t'ouvrir à l'enchantement qui en consécute.

Je suis là, dans l'encadrement de l'alcôve, bras ballants, lèvres entrouvertes, salivant de partout, et jusque des yeux. Mon sensoriel en prend un coup, espère. Au lieu de s'accélérer, mon palpitant ralentit. Si je m'écouterais, je me blottirais au pied de cette couche et poserais ma joue embrasée sur ses pieds de gisante.

Peut-être vais-je-t-il le faire ? Non, car ma présence, pourtant silencieuse, la réveille.

Un court instant, elle oublie où elle se trouve, qui je suis et pourquoi il y a une méchante bosse à mon bénoche. Mais le sourire lui vient. Sourire de joie, peut-être de bonheur, va-t'en savoir, Edouard.

— Quelle heure est-il ? chuchote-t-elle.

— Je ne sais pas, fais-je, nous l'apprendrons demain, inutile de réveiller le veilleur de nuit.

Je lui désigne sa valdingue pareille à un tableau de Magritte.

Elle n'en croit pas ses jolis yeux.

— Vous l'avez retrouvée ?

— Ainsi que votre argent et votre bijou, déclaré-je avec une modestie qui doit peser deux tonnes cinq.

Et de déposer ses richesses sur le drap, pile à l'emplacement de son pubis.

Elle s'est mise au lit avec son soutien-chose et aussi, probablement, son slip, n'ayant pas de vêtement de noye à dispose.

— Vous êtes fantastique ! bée-t-elle. C'était le sale type du camping qui les avait pris, bien entendu ?

— Naturellement.

— Il n'a pas fait trop d'histoires pour vous les rendre ?

— C'est moi qui en ai fait pour les lui demander, plaisanté-je.

Elle ne souhaite pas en apprendre davantage car elle est d'une grande pudicité.

Je vais jeter un coup de périscope dans le petit réfrigérateur qui fait bar.

— Une coupe de champagne nocturne pour fêter le retour de vos biens, mon cœur ?

— Une demie pour moi.

Je nous sers. Elle a récupéré un pyjama dans sa valise et troqué ses harnais de jour contre ceux de la nuit, une chaste chose de batiste blanche avec des broderies roses au col et sur les poches.

— Autre bonne nouvelle, je reprends : j'ai mis la main sur le propriétaire de la voiture qui vous a renversée. Il s'agit d'un député de l'endroit ; c'est son épouse qui la pilotait. Demain va vous être livrée, à titre de dédommagement, une superbe mobylette, ainsi vous mettrez moins de temps pour rentrer à Clermont-Ferrand.

Du coup, elle valdingue dans les azurs, Eve.

— Mais vous êtes un magicien !

— J'essaie, avec les petites filles.

— Vous me considérez comme une enfant ? éplore la jeune biche frémissante.

Je la défrime avec mon regard de salingue impénitent.

— Hélas non !

— Ah ! bon.

Elle boit une gorgée de pinsonnet, pose son verre et vient s'asseoir sur mes genoux, comme si j'étais son tonton venu la voir en vacances.

Dedieu ! C'est de l'électricité pur fruit qui me picouille le corps, depuis le haut jusqu'au bas, avec arrêt prolongé à la station Mayburnes.

Je referme des bras pieuvresques sur cet être palpitant, si doux, si chaud, baisotte sa nuque, frotte mon tarbouif contre ses oreilles, la respire à fond, trique comme la culée d'un pont, salive, m'humidifie, râle d'amour, tout ça crescendo, comme disent les Italiens. Dans la frénésie la plus complète, tu vois.

Elle en gémit de *too much,* roucoule blanche colombe, émet de minuscules plaintes qui m'égosillent la passion. Tu avises mon membre ? Regarde-le bien en tête à tête, tu trouves pas qu'il s'amplifie ? Se surdimensionne à outrance ? Je rêve ou bien il vient réellement de gagner cinq centimètres de tour de taille ? En moi, il y a combat entre mon cher ange gardien, toujours prêt à faire du zèle, et mon démon perditeur. Lequel va l'emporter ? Seigneur ! Faites que ce ne soit pas l'ange, mais le diablotin pousse-au-cul !

La voici sur mon page de combat ; son frais pyjama lui est ôté par des pognes soudardes. Faudrait peut-être que M. l'entreprenant accomplisse sa mue, lui aussi ?

Le dur, c'est de procéder à mon décarpillage sans laisser baisser la pression. Mais le rut rend ingénieux. Tout en m'employant de la droite, je consacre mes autres doigts et ma bouche à son service entretien.

Le temps de passer mon costume d'Adam de cérémonie et je suis à elle.

Puis EN elle.

Le Seigneur est clément : la gosse n'est plus berlinguée. Du condisciple maladroit m'a balisé la rampe de lancement. Oh ! c'est pas les Champs-Elysées, ni même la rue Royale, mais le plus ardu a été fait. Les travaux de terrassement existent, si tu veux tout savoir. Parlons pas d'avoir tes aises, mais tu peux pénétrer sans effraction, ce qui est essentiel. Maintenant, s'agit de faire découvrir à cette ado ce que c'est qu'un vrai mec. Dans la douceur ! Le suave ! Réfréneur d'exception, l'Antoine. Maîtrise absolue de ses sens. Régulé à outrance ! Dosage minutieux. Dix centimètres de bistoune dans la boîte à ouvrage et tu poses des étais avant d'aller plus avant. Germinal, mon cul ! Opération à chatte ouverte !

Il se fait un silence religieux dans son corps en état d'offrande. Elle savait, de toute éternité, qu'un jour son prince viendrait avec un guiseau commak et ses burettes d'huile pleines à ras bord. Les petites baisouillettes estudiantines sont reléguées. C'était de la lime de patronage. Du simulacre de récré. Le *Kama-soutra* rewrité par la comtesse de Ségur. Cette nuit, ça ne compte plus pour du beurre (au fait, il nous en faudrait un peu, ça donnerait de l'aisance aux transmissions) ; on fornique dans le professionnalisme. C'est de la baisance qualifiée.

Deux heures ! Plus : deux heures dix ! Avec des plages de concentration, œuf corse, des périodes de mignotage languissantes. On laisse souffler nos émois. On se recharge le sensoriel. Sa chattoune est exquise (si j'étais riche, je ne me nourrirais que de ça). Elle a grimpé au dernier étage de l'Empire State Building, là qu'on peut regarder les anges dans le blanc des yeux. Elle soupire des mots d'amour, les roucoule tourterelle. Moi, je dérive dans une douce songerie. J'essaie de faire bon ménage avec mes souvenirs capiteux. Ils se pressent au portillon de ma mémoire. J'ai aimé tant et tant de gentes femelles que je croyais différentes, mais c'était en vérité toujours la même : la femme ! Souveraine, mouvante, emportante. Hôtesse du septième ciel qui te chatoie la bite sous des traits différents, mais reste identique sempiternellement, qu'elle soit vioque ou jeunâbre, tartouze ou bioutifoule, salingue ou réservée, dévorante ou bêcheuse.

On se frotte, s'humecte, s'entredélire, se ramage, s'embourbe à jets sporadiques ou continus. Les paroles accompagnent, réduites à l'essentiel, des mots, des mots en copeaux : « Tiens ! Toi ! Je ! Ouiii ! » On décline le désir sur tous les modes, à tous les temps, jusqu'aux sécrétions ultimes.

Fin d'une petite fille.

Naissance d'une femme.

Bonjour, madame. Comme vous avez une belle chatte !

C'est pour mieux t'essorer, mon bonhomme.

Faudrait pouvoir toutes les épouser, bordel ! afin de leur rendre hommage ; ubiquiter à l'infini.

On s'anéantit dans un pêle-mêle que t'as pas idée, toi qui bouillaves papa-maman, la chevillette dans la bobinette. Toi qui roupilles bien parallèle à ta bergère, avec l'espacement légal entre vos deux carcasses ; toi qui pètes après l'amour, unique manière de marquer ton territoire pour la nuit. Toi, petit truc confus ; toi, obscur machin, bâcleur de culs, évanescence prévisible ; toi, fils et père de con, archicon à petite bistoune. T'as des projets, pour dimanche ? Sinon, je t'invite à visiter le Père-Lachaise.

⁂

Il est huit heures de relevé lorsque je m'éveille.

Ma petite Eve dort à perdre haleine. Sans bruit, je gagne la salle de bains pour une toilette de première urgence.

Bien que muni d'un rasoir électrique dernier modèle provisoire, je me rase mécanique. J'aime que la mousse me transforme en père Noël. Ensuite, je me saboule en policier de l'élite, style gravure d'*Adam* : blouson de soie bleu nuit, chemise à petits carreaux bleu clair, futal gris, godasses de daim marine. Franchement, j'en jette comme un gyrophare d'ambulance. La femme de chambre va devoir changer de culotte, tant tellement je lui époustoufle la rétine. Elle a droit à un sourire en comparaison duquel celui de Julot Iglésias sur ses pochettes de disques ressemble à de la pub de laxatif.

En partant, j'ai laissé un mot à ma jolie dormeuse, ainsi libellé :

Repose-toi, ange adoré. Je t'appellerai en fin de matinée. Je te quitte au pas de l'oie, à cause de ton fabuleux petit fessier que tu as découvert en dormant.

Tout, partout ! Moi.

Lettre d'une haute teneur morale, me semble-t-il, et qui devrait faire un max quand, dans cinquante ans, elle passera à Drouot.

CHAPITRE

Comme je drive ma caisse en direction du motel des Paray, je vois, sur ma droite, s'agiter un cachalot de forte taille, échoué à l'humble terrasse d'un estaminet.

Je reconnais le docteur Paranaud, en bras de chemise, coiffé de son fameux casque de cuir dont les pattes tombent comme les oreilles de Pluto, crois-je t'avoir déjà signalé, mais tu es tellement glandu qu'avec toi faut pas craindre de répéter.

Il savoure une assiettée de lard qui assurerait la potée auverpiote d'une famille ayant décroché le prix Cognacq.

Je stoppe à quelques encablures et rejoins l'Eminent.

Il me tend, par-dessus la table, une main tellement grasse qu'elle ferait dégobiller un charcutier en train de confectionner des rillettes.

Dominant ma répulsion d'individu dont la délicatesse va jusqu'au maniérisme, je la presse en sortant subrepticement mon tire-jus pour une réparation de fortune.

— Vous ne voulez pas une portion ? me demande-t-il en montrant sa charretée de porc mort ?

— J'ai déjà pris mon petit déje, Doc.

— Alors un coup de muscadet ?

— Trop tôt, le déçois-je.

Une expression proche du mépris passe sur son visage de porcophage insatiable.

— Il n'y a pas d'heure pour boire, il péremptoirise. En est-il une pour pisser ? Non, hein ? Alors !

— A Paris, on est du genre timoré, m'excusé-je. Par contre, un café sera le bienvenu. Où en êtes-vous avec votre client de la barque, docteur ?

Il émet un rot qui n'est pas sans évoquer le grondement d'un torrent souterrain en crue.

— Je me le suis fait aux aurores, dit l'homme de lard ; à présent, il n'a plus de secrets pour moi.

La taulière sort pour s'informer de mes désirs. C'est une matrone d'une soixantaine d'années et d'une centaine de kilogrammes qui a dû tellement pomper de nœuds dans sa vie qu'elle serait infichue de boire avec une paille désormais.

— Apporte une bouteille et un verre, la mère, et aussi une tranche de tête roulée pour monsieur, je veux qu'il goûte à ta spécialité.

Puis, à moi :

— Après son cul, c'est ce que Mathilde possède de meilleur !

La dame sourit finement sous sa moustache, flattée par un madrigal si bien tourné, puis plonge dans son antre.

— Alors, docteur ? m'impatienté-je en réprimant mon besoin incoercible d'aplatir son assiettée de hure sur la sienne.

— J'ai découvert une chose que je n'avais jamais

rencontrée au cours de ma vie professionnelle, directeur. Il faut dire que je n'exerce pas sur Paris et qu'en province les crimes relèvent la plupart du temps d'un certain classicisme.

J'attends avec un fourmillement sous les aumônières.

— Vouiii ? l'encouragé-je en réprimant une envie de licabroquer consécutive à mon impatience.

— Quand j'aurai terminé mon en-cas, je vous conduirai jusqu'au client afin que vous compreniez mieux.

— Dites toujours en attendant.

— Il a une cicatrice au ventre, dans la région du foie, d'assez fraîche date ; disons qu'elle doit remonter à trois ou quatre mois car sa cicatrisation n'est pas complète. Autour de l'ancienne plaie, il y a une sorte de tuméfaction bizarre qui m'a incité à l'inciser.

Il enfourne trois cent quatre-vingts grammes de tête roulée qui assumerait le repas d'un couple de retraités. Ses joues deviennent pareilles à celles du bon Armstrong quand il jouait de la trompette. Je patiente pour lui laisser le temps de mastiquer. Après quoi, il essuie les larmes d'effort consécutives à l'ingestion, boit un verre et feule longuement comme le tigre en rut qui cherche une rombiasse à tirer dans la jungle birmane.

Puis il fouille la poche gauche de son pantalon Babar et en extrait une *boîte en fer.*

L'ouvre.

Me la brandit sous le pif.

— Voilà ce que ce drôle avait dans le ventre, mon très cher.

La boîte ouverte dégage une sale odeur de pourriture

et de produit chimique combinés. Je la saisis avec la répulsion que tu devines (et si tu la devines pas, je m'en torche le prose avec la photo de la Cicciolina !).

Dedans, y a une petite capsule qu'on croirait en plastique très fin, si fin, même, qu'il s'est fendu. « Le liquide que recelait la minuscule ampoule s'est presque entièrement répandu dans le corps de Marcel Proute ; il n'en subsiste qu'une infime partie à l'intérieur. »

Voilà ce qu'il m'explique, le toubib, en goinfrant ses cochonnailles.

— Et c'est quoi, ce produit ? demande le très fameux San-Antonio à la réputation surfaite mais internationale.

Il reprend sa petite boîte, la renifle.

— Je ne suis pas toxicologue, mais je pencherais pour du cyanure. Pas banal, hé ?

— En effet, conviens-je. En résumé, on a opéré notre type pour lui implanter ce poison foudroyant ?

— Je ne vois pas d'autre explication.

— Le petit container devait se dissoudre dans l'organisme peu à peu et libérer un jour le poison qu'il emprisonnait ?

Le légiste hausse les épaules.

— Je ne suis pas un spécialiste des matières plastiques, directeur, je ne peux rien vous apprendre à ce sujet. Voyez ailleurs.

— O.K. ! fais-je en enfouillant l'objet.

— Hé, mollo ! proteste le gros homme, c'est la boîte de mes pilules digestives.

— Je vous la ferai renvoyer, promets-je ; je pense que vous n'en avez pas besoin tout de suite, votre transit intestinal m'a l'air de s'opérer impeccablement.

Il balance une perlouze ravageuse comme preuve de ce que j'avance.

— Je ne me plains pas, admet ce délicieux compagnon de table dont la devise est : « Pets sur la terre aux hommes de bonne volonté. »

CHAPITRE

Quand tu pénètres dans le motel des Paray, tu as l'impression d'entrer dans une crèche mise à sac par des pillards.

Meubles vidés et saccagés, matelas et coussins éventrés, moquette découpée, bref « un complet ». Homme des perquises parfois tumultueuses, j'ai l'habitude des logis dévastés ; pourtant, en présence de ce séisme, je reste un bout d'instant sans voix, bras et bite pendants, yeux et bouche béants.

La chétive Grabote, assise sur un classeur renversé, pleure à bras raccourcis. Sa trogne bouffie par les larmes ressemble à un cageot de tomates tombé d'un camion. Son époux, le malingre Ambroise, pantelle auprès d'elle. Il paraît atteint de la maladie bleue, tellement il a morflé dans sa gueule de fouine famélique. D'autres modifications ont été également apportées à son faciès : ainsi on a coupé la couette de cheveux qui faisait son orgueil sinon sa force, et déchiqueté son lobe. Je te passe une demi-douzaine de dents effeuillées par un tortionnaire poète, et te voilà en possession d'un descriptif suffisant pour te permettre d'appréhender la situation de ce couple naufragé. A le considérer, on comprend que le bonheur n'est pas réparti équitablement en ce monde et que le destin a ses tronches ; celle du gringalet en particulier.

Le tuméfié me jette un regard de bœuf prenant congé de celle qui fut sa femme (avant son opération) au moment de franchir la porte de l'abattoir.

— C'est un client récalcitrant qui est venu jouer « Verdun terre brûlée » dans ta cagna ? m'enquiers-je, une fois ma stupeur assimilée.

Il veut me répondre ; un filet de bave long et filandreux comme une éjaculation de cheval lui dégouline du portrait ; alors c'est sa future veuve qui m'explique :

— Cette nuit, on a frappé à la porte. J'étais pas là, étant absente du fait de ma pauvre Berthe dont au chevalet de laquelle je suis demeurée à l'hôpital. Broisy s'est levé et a demandé qui c'était. On lui a répondu « Police ». Il a ouvert. Y avait deux hommes sur le pas de porte.

— Ahi oho weetfffscht ! tente de commenter l'Endommagé.

— Laisse, fait sa compatissante épouse, t'as déjà eu suffisamment de mal à m'expliquer à moi, je vais raconter à M. le directeur.

Elle essuie larmes et morve d'un même revers de manche.

— Ces types, à ce qu'il paraîtrait, portaient des blouses grises et des cagoules noires, poursuit la pauvre femme dont la sœur, l'époux et la demeure sont gravement déprédés ; d'après mon mari, le plus costaud des deux lui a mis un coup de boule dans le portrait en guise de se présenter. Mon Broisy en est tombé cacao.

Les deux types l'ont alors placé dans son fauteuil et ont continué de lui flanquer des coups dans sa figure. Voyez comme ils me l'ont laissé. Toutes ses dents de devant y sont passées ; sa bouche, vous croyez le derrière d'un babouin. Ils lui ont arraché la boucle d'oreille que je lui ai offerte pour nos dix ans de mariage, et coupé sa queue de cheveux qui datait de notre séjour en Inde. Tout ça sans dire quoi que ce soit. Un massacre organisé ! A la fin, le pauvre a perdu connaissance. Quand il avait tendance à revenir à lui, boum ! Un nouveau gnon ! Lorsque je suis rentrée de l'hosto, ce matin, je l'ai trouvé dans l'état que vous voyez ; tout avait été ravagé. Il geignait sur le sol, au milieu des décombres ; la joie, hé ? Vous pouvez regarder dans notre chambre et notre salle de bains, c'est le même tabac ! Du vandalisme, monsieur le directeur ! On peut appeler ça comme ça, non ?

— On peut ! agréé-je. Je suppose que ses agresseurs cherchaient quelque chose. De l'argent ?

— On n'en a presque pas, fait la demi-sœur de la double Berthe. Un peu à la banque, pour payer les factures et, ici, la recette des derniers jours, c'est tout.

— Ils l'ont volée ?

— Vous pensez qu'ils se sont gênés, les salopards !

— Il y avait beaucoup ?

— Dans les trois mille, hein, Broisy ?

— Rgrrevv tcholuiir ! répond le tuméfié, lequel devra remettre sine die sa conférence à l'O.N.U. sur le désarmement.

— Qu'ont-ils dérobé encore ? insisté-je.

— Faut voir, répond la *sister*, prudente. Au milieu de ce bordel, c'est difficile à dire.

— Vous possédiez des bijoux de valeur ?

Elle hausse les épaules.

— En dehors de ma montre en or que je porte au poignet et de ma bague de fiançailles que je garde au doigt, je n'ai que des trucs fantaisie.

— Croyez-vous qu'ils aient pu chercher autre chose ?

— Quoi donc, monsieur le directeur ?

— Je vous le demande. Pensez-vous détenir des objets susceptibles de présenter un intérêt quelconque pour des coquins ?

— Seigneur ! On n'a que les dettes qui restent à courir sur le motel ! Nous sommes pauvres, archipauvres ! J'ai presque rien à me foutre sur le cul, monsieur le directeur, et pour Broisy c'est pareil !

Un instant de silence avec, en contrepoint, les geigneries du motelier dont les fluxions continuent de croître sans embellir et qui constate d'un médius timoré la branlaison de ses chailles encore en position. Son futur alimentaire se présente mal et c'est pas demain qu'il va s'attaquer à des entrecôtes.

— Je vais essayer de nous faire du café, décide la pauvre femme.

Elle se rend dans la cuisine où elle pousse des cris de putoise en dressant l'inventaire des destructions commises.

Je fais signe au Déglingué de m'accompagner dehors. Le soleil arrose à tout va. Les zizes, indifférents, balancent leurs charmants trilles à tous les échos, y compris celui de la mode.

Le banc.

J'y installe ce que les plumitifs qui croient avoir de

l'humour nomment « la partie charnue de mon individu ». Mon Dieu, si Vous me permettez, je vais Vous faire un reproche : Vous avez créé une écrasante majorité de glandeurs dont la masse inerte risque de déstabiliser la planète des singes. Un jour, l'unique coin à vivre de l'Univers basculera et nous retournerons à l'époque glaciaire.

Je tapote le siège près de moi.

— S'ils t'ont laissé l'usage du prose, assieds-toi, mauviette.

Docile, il se dépose à mon côté tel un cacatoès déplumé sur un barreau de son perchoir.

— Tu es embarqué dans une drôle de galère sans rames, Ambroise.

— Je sais, geint-il un peu plus audiblement que lors de ses précédentes prestations, à moins que mon oreille se fasse à ses suçotements ?

— A mon opinion, comme disent les Anglais, la seule façon que tu aies de t'en sortir c'est de ne rien me cacher.

— Je ne vous cache rien !

— Es-tu absolument certain de ne pas avoir eu le moindre signe de vie de ton ex-copain Marcel Proute, ni, a fortiori, de ne pas l'avoir aperçu ?

— Je vous le jure !

Je le défrime à la sceptique, comme tu regardes dans un souk un bijoutier qui essaie de te faire passer un tesson de bouteille pour une émeraude.

— Admettons, finis-je par soupirer. Comment expliques-tu le fait que ton ex-copain de détention t'ait observé avec des jumelles depuis le bois ?

Effarure du pleutrard.

— Il m'observait ?

— Tel l'amiral Kichi Duho Duma observant Pearl Harbor avant de lancer l'attaque ! Il serait arrivé au pays en compagnie d'une femme pilotant une Range-Rover.

Le connard découetté en a l'air sidéré.

— Vous me l'apprenez, zozote-t-il.

— C'était pas un gars courant, ton pote. Figure-toi qu'il a subi une petite intervention chirurgicale, il y a quelques mois. On lui a implanté dans la viandasse un petit truc marrant, tiens, regarde.

Je sors la boîte à conviction, l'ouvre et lui montre la minuscule ampoule qu'elle contient.

— Cette infime chose renfermait du cyanure, tu te rends compte ?

— C'est pas vrai ! il dit, ayant beaucoup d'à-propos et de conversation.

— Authentique. Il vivait avec ce machin dans le corps. Ça ne devait pas trop le gêner, seulement, le hasard a voulu qu'il prenne un coup phénoménal dans le baquet, lequel a crevé la capsule, et il a péri foudroyé. Peu banal, hein ?

— Vous en êtes sûr, monsieur le...

— Rapport du légiste.

Il a l'air franchement à côté de ses santiagues, l'Air-cul, se sent en grande perdition morale et physique. Dans le fond, sa vie aura été une franche tartine de gadoue. Se laisse entraîner à ses débuts dans une sombre foirade : c'est les assises, la taule. Banc de la société. Sœur Teresa et ses vérolés dans son show hindou, les renards du Canada, son motel pour paumés déstructurés, et puis le revoilà à nouveau au cœur d'une affaire criminelle, contre son gré, semble-t-il. On cloque des assassinés sur son toit, on lui met des roustes nocturnes à grand spectacle. C'est pas vraiment bandant comme destin ; j'ai connu des gogues d'Afrique Noire plus huppés que son pedigree.

— Bon ! repars-je-t-il. Il crève en t'observant à la jumelle. Logiquement, sa carcasse devrait pourrir dans la forêt jusqu'à ce qu'un mycologue en mal de cèpes la découvre. Ben non : y a un petit futé qui prend le risque de la trimbaler sur ton toit, histoire de te faire une blague. Moi, flic blasé, je ne puis m'empêcher de trouver la farce drôlette, mec. J'apprécie l'humour macabre qui sous-jacente. Et comme je suis poultock d'un bon niveau, je me dis que cette plaisanterie absolument neuve n'est pas gratuite. Je te développe mon raisonnement, file-moi le train. Ton ex-camarade de gnouf apprend que tu t'es mis motelier à Oléron. Pourquoi l'apprend-il ? Parce qu'il te recherche. Pourquoi te recherche-t-il ? Parce qu'il a besoin de toi. Pourquoi a-t-il besoin de toi ? Là, deux hypothèses : soit il est en quête d'une planque et il compte la trouver ici, soit tu es en mesure de lui apporter un élément très important. Quoi ? C'est la question que je te pose.

Il a la tremblote dans le genre Parkinson en fin d'évolution.

— Mais je ne sais rien, monsieur le directeur ! Rien de rien ! J'ai cessé d'avoir des rapports avec Proute depuis de nombreuses années. Je me bats, aidé de ma femme, pour vivre décemment. Nous sommes des gens plus que modestes qui triment pour essayer de rafistoler une vie gâchée par des bêtises de jeunesse.

Des larmes ruissellent sur ses tuméfiances ; le sel ne va pas calmer ses douleurs, espère ! Ça y est, il me fait pitié, l'artiste ! Son destin caca finit par m'émouvoir. Franchement, il a payé son dû, ce mulot hépatique ! S'il n'est pour rien dans ce bigntz — et je commence à sérieusement le penser —, je comprends sa décourageance.

Sa paumée se radine avec un plateau chargé de trois tasses.

Un pensionnaire à eux, qui pêche au leurre tracté, passe lesté de son attirail conçu pour la capture des vertébrés aquatiques.

— Qu'est-ce y v's'est tarifé, m'sieur Paray ? demande-t-il en apercevant la frime sinistrée du beauf.

— Accident de vélomoteur, réponds-je en ses sept lieux et place de la Concorde.

— Faut se méfier du deux-roues ! avertit le destructeur de la faune marine, avec un bon sourire de vieux zob résolument dénué de pitié.

Je souffle sur ma tasse odorante. Me dis qu'une brève virée à Paris s'impose. Besoin de Mathias ; besoin de toute l'infrastructure de la Rousse ; besoin de retrouver Pinuche, de discuter avec Béru des avatars de sa famille honnie. Au fait, sait-il que sa Baleine s'est cassé une nageoire ?

— Comment va Berthe ? demandé-je à la surnommée Grabote.

Elle fait la moue :

— Pas des mieux. C'est une mauvaise fracture, le chirurgien cause de lui placer une broche.

Je me retiens de déclarer que la Gravosse adore les bijoux ; ma boutade pourrait sembler de mauvais goût.

CHAPITRE

Tu sais ce qu'on dit toujours ? Dieu propose et la sclérose en plaques dispose.

Comme je regagne la *Corderie* pour prendre congé de la douce Eve, au moment de traverser le hall, je sens quelque chose qui tente d'explorer mon trou du cul. Une prompte volte d'orthodoxe m'apprend que c'est un saint-bernard qui s'intéresse de cette manière appuyée à mes orifices naturels.

Une voix féminine exclame :

— Castor ! Veux-tu !

Je découvre, par-delà le chien, une femme si tellement ravissante de partout que, d'instinct, je cherche mes lunettes de soleil pour amortir les dégâts oculaires qui pourraient consécuter.

Magine une personne d'environ trente-cinq balais, brune, bronzée, avec des yeux d'or, des seins fabules accrochés à l'endroit où ils font le plus d'effet, des hanches à te couper l'envie d'aller visiter le Louvre, des jambes longues au modelé poustoufleur, le tout enveloppé dans une toilette paille et saumon qu'elle n'a pas dû acheter sur catalogue aux Dames de France.

Son rouge à lèvres ocré renforce le dessin d'une

bouche qui m'inciterait à me rendre en marchant sur les genoux jusqu'à Saint-Claude pour qu'elle m'y fasse une pipe (d'écume).

La créature supra-naturelle questionne d'une voix prête à l'orgasme :

— Seriez-vous, monsieur San-Antonio ?

— Oui, admets-je, mais ce n'est que provisoire car si vous me regardez encore trois minutes avec ces yeux-là, je ne serai plus qu'un primate en rut.

Elle a le sourire indulgent de quelqu'un qui est au courant de son charme opérant.

— Je suis Solange Genouillé, l'épouse du député, se présente-t-elle.

— Le délit de fuite ? complété-je.

— C'est cela, convient-elle tranquillement.

Cette fois, son clébard hume la brise suave provenant de mes génitoires.

— Serait-il envisageable que votre chihuahua me prodigue d'autres marques d'intérêt moins familières ? demandé-je.

Elle accentue son beau sourire radieux.

— Pardonnez-lui, c'est un chien de goût !

Oh ! ya yaille ! Où ça se dirige, tout ça ? C'est plus du rentre-dedans mais du viol à la tire !

— On peut parler dans un coin tranquille ? demande la députière.

Je désigne le salon meublé avec un goût exquis que je n'ai jusqu'alors rencontré que chez Lévitan ou au B.H.V.

— Vous n'avez rien de plus intime à me proposer ? demande-t-elle en me filochant le dur à contrecœur.

— Ma chambre est occupée, plaidé-je.

— En ce cas...

Elle se met dans un fauteuil bas qui me livre illico une vue générale sur son slip de couleur tellement chair qu'elle n'en porte peut-être pas, après tout ?

— A ma visite, il y a trois mobiles, attaque-t-elle. Me constituer prisonnière après mon inqualifiable crime d'hier, vous apporter le vélomoteur qui devrait dédommager ma victime, et enfin faire la connaissance d'une célébrité policière dont la séduction est légendaire.

— Vous confondez séduction avec déduction, dis-je froidement ; il s'en faut d'une lettre.

Car, pour tout t'avouer, si j'apprécie le rentre-dedans d'une jolie polka, je déteste que celle-ci dépasse certaines limites.

Mais la ravageuse ne se tient pas pour battue. Je risque une deuxième œillée sur sa voie de passage grand trafic, ce qui me permet de m'assurer qu'elle porte bel et bien une culotte. Son toutou a renoncé à mes effluves corporels et s'est couché sur le tapis de basse laine pour chercher le sommeil entre ses deux pattes d'ours.

La Genouillé continue de me consommer du regard. Pas besoin d'être la chère Mme Claude pour savoir que cette personne doit représenter un coup étourdissant. Elle a tout pour elle (comme dit m'man) et le dispense largement ; j'aime la prodigalité. De toute évidence, elle est venue avec l'intention bien arrêtée de me vamper. Son Gambetta de noces et banquets a dû la tancer d'importance pour son délit aggravé. Un truc à lui chancetiquer sa carrière, au représentant du peuple souverain. Alors, soucieuse de me neutraliser bien à fond, elle cherche à me séduire, se disant qu'après avoir fêté mes vingt-quatre centimètres de chibrance longitudinale, elle sera tranquille, question conséquences.

— Vous savez, déclare la donzelle, je sens qu'on peut tout dire à un homme comme vous, aussi est-ce une confession pleine et entière que je viens vous faire.

— Je vous écoute.

— En préambule, je dirais que les mecs suroccupés, ayant leur carrière en point de mire, font des amants médiocres et des époux détestables.

Nous y sommes ! La Solange va me raconter son ramadan conjugal qui, de chatte lasse, l'a conduite à l'adultère.

— C'est une vérité connue, lui facilité-je l'affaire.

— Que fait une femme délaissée ?

— Ce que je vous soupçonne de faire, madame Genouillé.

— Exactement. Dotée d'un tempérament qu'on peut qualifier « de feu », je suis devenue amoureuse de l'amour.

— C'est effectivement une belle occupation.

— J'adore les initiatives hardies.

— Elles ont leur charme.

— Je vais vous faire un aveu : hier, lorsque cet accrochage s'est produit, il y avait un homme accroupi sous le tableau de bord de ma voiture. Il avait ôté ma jupe et mon slip et me pratiquait ce que les ouvrages médicaux nomment un cunnilingus et les gens du peuple une minette.

— Après lui s'il en reste ! laissé-je échapper dans la foulée.

Elle me virgule ce long regard que la génisse en son enclos attache au taureau désœuvré.

— Il en reste ! assure-t-elle d'une voix qui porte illico mon sang à quatre-vingt-dix degrés, ce qui est la température de l'angle droit, je te le rappelle.

Le saint-tristan-bernard bâille à gueule-que-veux-tu. Depuis que ces animaux ne font plus la contrebande d'alcool entre la France et l'Italie, je me demande un peu à quoi ils servent dans un apparte ou une bagnole.

Donc, l'accident a eu lieu parce que la conductrice se faisait brouter le *green*. Tu vois, pour moi ça constitue des circonstances éternuantes, comme dit le Mahousse, et m'incite à passer l'éponge (?).

Je ne puis me retenir d'évoquer le tableautin : Médème, en pleine dévergondance à son volant, et son cosaque accroupi pour lui grumer le mont de Vénus pendant qu'elle pilote. Pas commode, mais intéressant !

— Votre partenaire doit être jeune pour accomplir un tel exploit, ne puis-je m'empêcher de réflexionner.

— Pensez-vous : il a soixante-quatre ans !

Elle s'amuse de ma stupeur.

— C'est dans cette tranche d'âge qu'on rencontre les meilleurs bouffeurs, assure-t-elle.

— On trouve parfois des exceptions, fais-je en conaissance de cause.

C'est sur ce sous-entendu humidificateur qu'apparaît ma petite Eve. M'apercevant, elle m'accourt contre au sortir de l'ascenseur.

Je procède aux présentations :

— Voici Eve, votre victime ; voilà Solange, votre chauffarde.

Elles se regardent, intimidées.

— Mme Genouillé vous apporte un vélomoteur compensatoire, ajouté-je ; j'espère que vous lui accorderez votre pardon.

Elles finissent par se sourire, un peu gauchement, gênées vaguement d'être sympathiques l'une à l'autre. Nous sommes parfois déroutés par des antagonismes qui capotent parce qu'ils ne trouvent pas assez de rancœur pour se nourrir.

Ces deux ravissantes sortent pour aller chercher le vélomoteur que la députière a amené dans la Range de service.

Le soleil impétueux semble se saisir d'elles, sitôt la porte franchie. Le gros toutou plein de poils lèche sa truffe, puis sa bite et soupire en partant les rejoindre. C'est chiant d'être un saint-bernard de salon.

Je demeure un instant à méditer. J'aimerais volontiers m'attarder avec ces deux jolies fumelles, mais le devoir commande.

Alors je vais à la réception consulter l'horaire des trains pour Pantruche.

PARTIE

SANS LAISSER D'ADRESSE

CHAPITRE

Une étrange atmosphère règne au labo. Ce lieu toujours si grave connaît un relâchement inusité. Les quelques gaziers en blouses blanches constellées de taches jaunasses, vaquent sans entrain. Derrière leurs tubes, éprouvettes, réchauds à gaz, ils ressemblent aux cuisiniers d'un restaurant sans clients. Plus que désœuvrés, ils sont en complète relaxation.

— Mathias n'est pas là ? demandé-je à l'un d'eux : le père Lachibre, un crabe décoloré par les ans et les acides, qui attend la retraite comme un collégien la perte de son pucelage.

— Venu et reparti ! répond le digne homme qui porte le ruban de ses Palmes académiques jusque sur sa blouse initialement blanche.

— Il va revenir bientôt ?

— Dieu seul le sait.

Pressentant du pas clair, je me fais pressant :

— Pourquoi cette voix et cette tête de conspirateur, Lachibre ? Il est arrivé quelque chose au Rouquin ?

Mon énervement ne lui échappe pas. Dans la Grande

Taule, on sait que je suis un brave mec dont l'impatience fait rage.

— Peines de cœur, monsieur le directeur, soupire le constellé ; c'est le genre de couillerie qui nous tombe dessus à tout âge !

Ce « nous » qui, implicitement, laisse supposer que ce vieux branleur pourrait tomber amoureux d'autre chose que de ses Byrrh-cassis vespéraux me choque confusément. Je n'en laisse rien paraître car, après tout, même un vieux con biberonneur, au pif étoilé de varices de comptoir qui semblent lui envelopper le tarbouif de crépine, peut connaître le mal d'amour.

Je me dis que, tiens, c'est vrai : l'assistante de Xavier, qui est également sa nièce du côté de sa femme, et sa maîtresse de son côté à lui, est absente.

— C'est fini avec le boudin blanc ? fais-je en montrant le coin de labo où, naguère, s'activait la gonzesse.

— Ouais, et vilainement.

— Racontez-moi.

— Elle l'a largué pour se marier avec un fleuriste de son quartier, un veuf qui a vingt ans de plus qu'elle. La garce n'avait rien dit à Mathias. Elle a fait son coup en douce et il a su ces épousailles par un faire-part. Il la croyait en vacances chez sa mère, en réalité elle était en voyage de noces et avait démissionné sans lui en parler. Le choc a été terrible pour notre ami.

Le père Lachibre d'ajouter :

— Une mocheté pareille, avoir tant de succès ! Moi, j'en voudrais même pas pour me faire faire une pipe !

— C'est ce qui fait la grandeur de l'amour, mon cher ami, et assure l'équilibre universel, philosophé-je-t-il. Si seuls les prix de Diane trouvaient chaussure à leur pied, le monde deviendrait un enfer pour les disgraciés.

Je vais au burlingue de l'absent. Des dossiers s'y accumulent. Dans un angle de son sous-main, la photo de la tarderie infidèle. Dieu qu'elle est gerbante ! locdue à t'en faire dégueuler ton quatre heures !

— Vous avez une idée de l'endroit où je peux le trouver ?

— Pas une idée : une certitude, répond Lachibre. La *Brasserie Dauphine.* Il se farde l'intérieur au Guignolet-kirsch parce que c'est un vieil apéro dont elle raffolait. Il y reste jusqu'à la fermeture et s'en va, pété comme une châtaigne trop mûre. Dernièrement, sa femme est venue le chercher. Vous savez comme elle est autoritaire ? Eh bien, il lui a ouvert la pommette d'un gauche carabiné. Elle parle de divorcer. Avec ses dix-sept chiares, je voudrais pas avoir à douiller la pension alimentaire !

Je hausse une épaule, ce qui est plus significatif que d'en hausser deux et mets le cap sur la brasserie.

***

Etrange, la façon dont l'humain se « défait » rapidement quand il est atteint au moral.

Cet être roux, hirsute, que sa barbe poussante fait ressembler à Van Gogh et qui est prostré devant le reliquat d'une boisson fermentée rappelle davantage un clodo qu'un dirlo du laboratoire de police de Pantruche-les-Bains.

Ma venue et mon asseyage le laissent marmoréen. Il a le regard atone et son ventre vide crie famine car il ne s'alimente plus qu'avec ses Guignolet-kirschs.

Casimir, le loufiat blanchi sous le gilet noir, vient s'enquérir de mes désirs.

— Du pareil ! fais-je en montrant la conso de mon pote.

Nous échangeons un long regard, le serveur et moi. Puis il hoche la tronche et s'éloigne. Le Rouquemoute n'a pas desserré les chailles ; probable qu'il est incapable d'en casser une.

Je vide mon verre. C'est vrai que c'est agréable, ce machin quand, comme moi, on aime les alcools doux. Nos vieux se poivraient en délicatesse. Ils s'arrachaient pas la tronche aux alcools brutaux : Picon-grenadine, Mandarin-curaçao, Guignolet-kirsch assuraient des beurranches ouatées. On devenait blindé gentiment. On s'enfonçait dans des langueurs. A présent, c'est le scotch ou la vodka ; on ne nuance plus. Il faut du raide. Du cataclysmique. On se jette dehors en trois gorgeons.

La vie nous presse.

La mort aussi.

Je parviens à extraire le tout-*red* de son guéridon. Hébété, il me filoche en traînant les godasses, comme le font les idiots. Je ne lui dis rien : il est inapte, l'inepte. La jacasse, ce sera pour après.

Brève hésitation de ton serviteur, au bout de laquelle

je le fourre dans ma bagnole et l'embarque pour notre maison de Saint-Cloud.

Il est des cas où il n'y a que maman !

Tu vas voir comment elle va me le réparer, mon Rouillé, Féloche.

CHAPITRE

Voilà : j'ai mis les plats au four ; il n'est que d'attendre que ça cuise et dore bien.

En tout cas, Mathias dort bien, lui. Sédatif puissant. Roupillette instantanée. Vingt-cinq plombes qu'il en concasse dans notre chambre d'aminche, ne se levant (en titubant) que pour licebroquer.

J'ai prévenu sa polka que je venais de le recueillir et que m'man allait le lui récupérer, son lapin de clapier. Qu'il faisait son andropause, comme tous les mecs parvenus à l'équinoxe de leur âge ; mais que ça se remettrait à fonctionner et qu'il s'arracherait bientôt à ses délires pour consacrer aux siens sa vie de grand honnête homme.

Elle m'écoutait, dans ma voiture où elle était descendue me rejoindre pour cet entretien privé. Elle ne pleurait pas, serrait les dents. Un cocard grand format lui tuméfiait la pommette. Y avait quelque chose d'assez pathétique chez cette guenuche, j'en ai été remué.

Lorsque j'ai eu cessé de parler, elle a murmuré :

— Vous êtes un être exceptionnel, Antoine.

Puis elle a ajouté :

— Vous souvenez-vous qu'un jour je vous ai dit que je vous aimais ?

— Oublie-t-on de telles paroles, ai-je répondu d'une voix capable de précipiter la fonte du pôle Sud, ce qui ferait chavirer la planète et on serait enfin peinards pour un bout de temps avant que ça se reconstitue tout ça : cette merde !

J'étais garé dans son coinceteau de Belleville, le long d'un mur. C'était la noye et des garnements avaient pris pour cible l'ampoule du lampadaire. L'obscurité incitait aux abandons. Elle a posé sur ma braguette sa petite main de guenon ménagère et, je ne sais pas pourquoi, alors que cette grognasse m'a toujours été antipathique, je me suis mis à épanouir de l'aubergine.

Elle gémissait d'excitation. Dix-sept (ou dix-huit) chiares à la queue lolotte qu'elle venait de se respirer en pas un quart de siècle, elle avait besoin d'un temps mort.

J'ai eu pitié et l'ai laissée faire. Avec gaucherie, elle m'a dégagé M. Vincent des braies. Pas fastoche : il se prêtait mal à la manœuvre, ayant illico atteint son point de non-retour. D'en plus, la médème se montrait inexpérimentée, donc maladroite, étant excitée pis qu'une puce. Enfin, lorsque mon obélisque dodelineur a été apte, elle s'est jetée dessus comme un quinquagénaire sur la Légion d'honneur (1).

Ses ratiches de devant, en forme de queue d'écrevisse, m'ont meurtri le champignon anatomique. J'ai préféré lui déchirer le slip et qu'elle m'escalade le

(1) Le nombre de mecs que ça intéresse ! Des que je croyais pourtant épargnés, mais qui dans l'ombre, travaillaient à l'avoir et qui l'ont eue, les pauvres. Que donc leur insolence était bidon ! Leur liberté, de pacotille. Et qui cachaient ce cilice de l'envie sous leur maillot de libertaire, comme toi ta vérole dans ton slip !

chauve à col roulé. Vache ! Cette frénésie ! Elle se cognait la tronche contre l'arceau qui maintient tendue la capote de ma Mercedes ; n'en avait cure. La lauréate du prix Cognacq comblait les mois de continence infligée par son époux amoureux d'une autre. Elle ratissait large, d'ailleurs, hurlait qu'il lui « fallait tout ».

J'avais rien contre, c'était son problo, pas le mien. Que le dix-huit ou dix-neuvième ne soit pas signé Mathias changeait quoi à sa magistrale portée, Ninette ? Un pas rouquemoute, dans le lot, ça ferait plus gai, peut-être, non ? Quand tu sais que le silure nous est très antérieur, tu te mets pas à chicaner sur le côté *clean* des pedigrees ! On vient, on déconne, on part ! Bâtard, pas bâtard ! Tout ça sorti de l'océan, destiné aux futurs bouleversements géologiques. Episodes ! Et puis zob ! J'ai rien demandé, je partirai donc sans dire merci !

Elle a pris un panard de petite connasse empruntée (et pas rendue). J'avais hâte qu'elle se dépafe et coure jusqu'à son gourbi changer de culotte. Elle traînait des odeurs d'eau de Javel et de repassage, de bambins évasivement torchés. Avec ma semence surchoix, elle emportait un beau souvenir. Le péché est nécessaire à certaines femmes pour conserver un contact avec le rêve.

Je l'ai regardée s'engouffrer dans son immeuble, après m'avoir expédié un baiser du bout de ses doigts aux délicates senteurs.

— Dites, elle a pris un pied d'enfer ! fait une voix masculine.

Je me penche et avise un poivrot assis sur le trottoir.

— Vous croyez ?

— La manière qu'elle couinait en chopant son fade, ça ne trompe pas ! Vous auriez pas une petite pièce pour un clodo qu'est obligé de se pogner ?

Je lui donne un billet de cent points qui me vaut sa bénédiction pastorale.

*
**

Après ce coup imprévisible tiré en voltige, je mets le cap sur l'*Hôtel du Premier Consul* (ainsi baptisé car il est proche de la place des Pyramides).

A cette heure de la soirée, l'établissement stagne dans une torpeur touristique confortable. Quelques Hollandais discutent au salon dans cette langue que le Seigneur a laissée se constituer dans un moment d'inadvertance.

Le concierge du soir fait des comptes derrière son comptoir de marbre blanc. C'est un gros déplumé à mort dont les paupières sont gonflées comme des sacs-poubelles un lendemain de réveillon.

Il en pose deux, retient z'un, inscrit un total sous un trait, et lève sur moi un regard blasé d'homme qui a vendu de quoi dormir et baiser à plusieurs générations d'individus cosmopolites.

— Oui ?

Seulement ça : « Oui ? », sur un mode décourageant.

Eternel processus : ma carte, tenue verticalement devant son tarbouif à veinules bleues.

Lui, ça le branche pas à l'extrême. Des perdreaux, il en a déjà vu davantage qu'un chasseur solognot, au cours de sa carrière dans la literie de louage.

— Vous désirez ?

Je lui produis la cousette trouvée sur feu Marcel Proute.

— Ce minuscule nécessaire provient bien de cet hôtel ?

— C'est écrit dessus, riposte le chauve sans col roulé.

Au temps pour moi ! comme ils disaient dans « Palace », cette excellente émission tévé.

— Il est arrivé de l'extrêmement grave à un monsieur qui l'avait en poche, commenté-je-t-il.

Ça ne plonge pas l'homme aux clés d'or dans une excitation éperdue. A peine amorce-t-il un acquiescement qui marque davantage le détachement que l'intérêt.

— Le personnage en question *s'appelait* Marcel Proute, poursuis-je en appuyant sur le verbe à l'imparfait, bien souligner que le gazier évoqué donne désormais dans la racine de pissenlits.

Le concierge est un vieux routier qui n'a pas besoin qu'un client lui fasse un dessin quand il lui réclame les cagoinsses.

— Vous supposez qu'il est descendu chez nous ? me demande-t-il.

— Exactement.

— Vous avez une idée quant à la date de son éventuel séjour ?

— Aucune, mais le fait qu'il ait eu encore cette cousette sur lui me laisse entendre que ça ne remonte pas au déluge. C'est le genre de bricole qu'on ne conserve pas sur soi pendant des années ; d'ailleurs voyez : elle a toujours bonne apparence.

— Quel nom avez-vous dit ?

Je le lui épelle.

— Ça me dit quelque chose, fait le concierge.

Je n'ose me réjouir ; peut-être a-t-il des lettres et réagit-il à cette similitude patronymique avec l'illustre écrivain ?

Il passe dans un petit bureau très mécanisé, situé derrière son trône et enclenche un ordinateur. Je perçois le bruit menu de l'appareil dont il vient de pianoter le clavier et qui part en mission pour le compte du brillantissime Santantonio.

En moins de jouge, le chauve de gala m'apporte une fiche au nom de *Proute Marcel.* Je l'embrasserais.

— Je savais que ça m'évoquait des trucs, fait le bonhomme que sa réussite détend quelque peu.

— Je craignais que vous ne confondiez avec l'écrivain, dis-je.

— Quel écrivain ?

— Non, rien !

CHAPITRE

La fiche m'enseigne que Proute a passé deux nuits dans cet hôtel, fin juillet, du 27 au 29. Maintenant je dois en apprendre davantage sur son bref séjour. La fiche ne précise pas s'il était accompagné. A la rubrique « venant de », il a inscrit « Montréal, Canada », ce qui ne laisse pas que de me faire mouiller, comme me disait l'autre jour la pauvre reine Fabiola qui a bien voulu me recevoir en audience privée. Un sentiment curieux commence à se dessiner, qui m'excite la glande flicardière.

Je surprends le regard attentif, professionnel, devrais-je plutôt dire, du concierge posé sur moi.

— Je vous dois une grande satisfaction, cher monsieur, lui assuré-je, vous venez de faire beaucoup pour nous.

Enfin un bon sourire. L'éclat de ses carreaux se fait plus vif.

— Vous m'en voyez ravi.

Je sors discrètement un talbin pisseux de ma fouille, le plie en seize et le lui fourre dans les lignes de la main.

Il a renouché que c'était de la grosse coupure à cinq cents francs le billet (prix de revient). Venant d'un perdreau, même de haut niveau, ça le sidère.

— Nous avons une caisse noire pour nos œuvres, lui expliqué-je.

Il se fait une raison et glisse le bifton dans sa poche de pantalon où il le coince avec son testicule droit.

— Maintenant, soliloqué-je, nous allons devoir pousser les choses plus loin et vous allez m'aider, cher Félix (son prénom et son blase sont gravés sur une plaquette de cuivre).

— Si c'est en mon pouvoir, emphase-t-il.

— Il faut que soit dressé un rapport exhaustif sur les faits et gestes de ce client au cours de son séjour à l'hôtel. Essayez de nous défricher le terrain en dressant une liste du personnel qui a eu à s'occuper de lui, mon cher, vous ne le regretterez pas. Les personnes l'accompagnant, ses appels téléphoniques, tout, vous dis-je ! Demain, dès l'aube, à l'heure où blanchit la campagne, je vais envoyer quelqu'un enquêter dans cet honorable établissement.

Un temps, je baisse le ton (ce qui est préférable à baisser son bénoche) :

— Répondez-moi franchement, Félix, vous n'êtes pas raciste ?

Il s'indigne :

— Comment le serions-nous, avec tous les Américains noirs qui descendent chez nous ?

— Je vous posais la question parce que le collaborateur que je vais vous adresser est négroïde sur les bords.

— A l'impossible nul n'est tenu, rétorque cet homme de bien.

*
**

Ramadé Blanc est enceinte, ou alors elle a mangé trop de pastèque.

C'est ce que je me dis, en la voyant en pyjama dans l'encadrement de la porte, les lotos brouillés de sommeil, comme on dit puis dans les bons livres hautement chiés.

Plusieurs mois que je n'ai vu cette gentille.

— Pardon pour l'heure tardive, fais-je avec des yeux et une voix pleins de tendresse.

J'aime beaucoup cette femme. Elle réunit pour moi les qualités dominantes que doit avoir une épouse : elle est intelligente, réservée, amoureuse des siens et toujours de belle humeur.

— Entrez ! invite-t-elle, nous allons parler bas parce que mon dernier a les oreillons et vient juste de s'endormir.

— Jérémie est ici ?

— Lui aussi a eu du mal à trouver le sommeil, à cause de Carrefour Vavin. Il l'a bercé dans ses bras toute la soirée.

J'ignorais le prénom de leur provisoirement dernier. Chez les Blanc, ils ont la spécialité des blases étranges. La sœur de Jérémie ne s'appelle-t-elle pas Cadillac V 12 ?

— Bien, fais-je à Ramadé, ne l'éveillons pas. Dites-lui seulement que je l'attendrai demain matin au bureau autour de dix heures.

Comme je vais rebrousser palier, le Négus surgit, sobrement vêtu d'un slip jaune à liseré noir qui fait ressortir sa peau d'ébène ainsi que le chibre monumental qu'il contient (mal).

— J'ai entendu ton mâle organe, assure-t-il en se grattant le sous-couilles.

Je les suis jusqu'à leur salon, de bon goût, que jonche une flopée de jouets du premier âge.

— Fais-nous du café, chérie, enjoint-il à sa chère et tendre.

— Pas pour moi ! supplié-je, le précédent que vous m'avez offert m'a empêché de roupiller pendant trois semaines !

— On va te le faire léger, promet-il.

— Non, non, ce serait encore *too much,* j'ai l'habitude du jus de chaussettes.

On transige avec un alcool de Bamakoko.

Pendant que la jeune mère s'emploie, je narre à mon tout-*black,* les avatars du beauf en démarrant l'histoire à son début, à savoir ses délits de jeune flic.

Mon résumé est long. Interrompu seulement par une gorgée d'alcool qui me déchire la corgnole comme si j'avalais une poignée de clous de tapissier. Me faut un grand verre d'eau pour me désendolorer le pipe-line.

Vaille que vaille, je conduis mon récit à son terme.

— Je ne m'attarderai pas à Paris, dis-je ; toi, tu vas enquêter sur Marcel Proute. Il me faut une bio complète du personnage, principalement depuis sa sortie de cabane. Je dois tout connaître de lui : ses fréquentations, l'endroit où il créchait et qui ne se trouve sûrement pas à Paris puisqu'il est descendu à l'hôtel, le moment et le lieu où il aurait subi une légère intervention chirurgicale, ses moyens d'existence ; mets là-dessus autant de mecs qu'il t'en faudra. Occupe-toi personnellement de l'*Hôtel du Premier Consul ;* je veux savoir heure par heure ce qu'il y a branlé. Tu trouveras son dossier aux sommiers, il te servira de vade-mecum. Voici un téléphone où tu pourras me joindre. Cela dit, sais-tu ce que sont devenus La Pine et le Gravos, aucun de leurs deux téléphones ne répond ?

— Ils sont aux eaux ! sourit le Noirpiot.

Et moi, je comprends le « zoo », d'où mon étonnance :

— Qu'est-ce qu'ils foutent à Vincennes ?

— Je te parle des eaux thermales ! Amélie-les-Bains ! Ils y ont conduit la mère Pinuche et projettent de rentrer par le chemin des écoliers balisé de tables à trois étoiles. Un caprice de la Vieillasse qui s'est mis à bouffer depuis qu'il a arrêté de fumer. Il a déjà pris quatre kilos en huit jours !

Là-dessus, Carrefour Vavin se met à glapir, jetant la perturbation chez ses parents.

Je me retire avec une telle discrétion que ça leur fait kif si je n'étais pas venu.

***

Et puis je me retrouve dehors, dans la belle nuit de Belleville qui a tant changé au cours des deux dernières décennies. Utrillo fait ses adieux à Paris, ou plutôt, c'est Pantruche qui prend congé d'Utrillo. *Bye bye,* cartes postales anciennes ! Je devrais rentrer chez nous. Je suis certain que m'man m'attend en lisant le dernier Troyat, l'un des ultimes romanciers français authentiques.

Malgré cette pensée, un diablotin me pousse à rôdailler dans la capitale. C'est pas mes glandes qui me tarabustent puisque je viens de les essorer avec la mère Mathias.

Alors ?

Je drive ma Mercedes au hasard des rues, boulevards, avenues.

En mal de je ne sais quoi.

Ça me biche parfois, à la manière d'une crise de foie. Des picotements, mais au lieu de se manifester dans le burlingue, c'est dans la tronche que ça s'opère. Ça me lancine. Une sorte de pressentiment. D'angoisse. De regret confus. Comme si je venais de passer à côté de quelque chose d'important, sans l'apercevoir. Mais le quelque chose en question se formalise de mon indifférence. Il est vexé. C'est teigneux, ces petites bêtes.

Alors je convoque mon subconscient pour une réunion au sommier (Béru dixit). Qu'est-ce qui, au cours de cette soirée, a produit un couac tout au fond de mon moi second ?

J'ai mis le pilotage automatique et ma tire m'a drivé, sans que je le voulusse, jusqu'à la rue de Rivoli. On dirait un fait exprès : me voilà devant l'*Hôtel du Premier Consul* (on se rappelle jamais les deux autres).

Je me range près de l'entrée de l'hôtel. Y pénètre derechef. Les touristes bataves sont allés planquer leur viande rose dans les torchons. L'éclairage à giornesque de naguère est maintenant réduit. Le hall est plein d'ombres. Les ascenseurs n'ascensionnent plus. Les fleurs des gros bouquets d'apparat s'étiolent gentiment dans leurs pots chinoisants. Le concierge est parti et, derrière le rade de la réception, t'as juste le sosie du bon Jean Carmet qui ligote *Paris Turf* avec anxiété, supputant une combinaison gagnante qui lui permettrait de venir ici en client.

Mes pas réverbérés par la vacuité des lieux l'arrachent

à la vie édifiante de Chrysanthème IV que le pronostiqueur place en tête des gagnants possibles, demain, dans la troisième.

Je me présente à cet être exquis, plein d'urbanité et de vin rouge. Comme je lui ai montré mon ancienne brème de commissaire, c'est ce grade qu'il me donne.

Ça me rend joyce de retrouver ma casquette d'avant les promotions sociales. A trop grimper, on biche le vertigo.

Je lui explique que je suis venu plus tôt dans la soirée prendre des tuyaux sur un client de juillet.

— J'ai, ajouté-je-t-il, omis de m'informer auprès de votre collègue concierge si vous conserviez un certain temps les notes de vos clients.

Le nuiteux me considère comme si je lui parlais des ovaires de sa bourgeoise. Et puis une mise en place s'organise dans son usine à idées. Il a un tic qui lui fait repousser son râtelier en avant, du bout de la langue, pour, aussitôt, le réemboîter avec le dos de sa main.

— Je crois savoir que nous les archivons pendant un certain temps, déclare-me-t-il. Par exemple, vous dire si c'est cinq ou dix ans...

— Peu m'en chaut, assuré-je, je ne m'intéresse qu'à celles remontant au 27 juillet dernier. J'aimerais les consulter.

Le voilà qui effare davantage que si je sollicitais la permission de dessiner des moustaches à la tête de son nœud.

— Maintenant !!! exclame le pauvret en ponctuant, tu l'auras remarqué, de trois points d'exclamation.

— Si par « maintenant » vous entendez « tout de suite », la réponse est « oui », mon cher ami.

— Mais je n'ai pas qualité pour fouiller les archives !

— Moi, si. C'est pourquoi je vous serais extrêmement reconnaissant de m'indiquer où elles se trouvent. Vous devez bien penser, que si je vous les réclame à une heure passée du matin, c'est pas pour revenir les consulter l'année où Noël tombe un 14 juillet.

Il est un tantisoit longuet à décider, mais comme je suis un garçon qui obtient généralement ce qu'il veut, il finit par me descendre dans un local où la bureautique empêche l'herbe de pousser.

Il m'y montre une série de casiers impressionnants dont il n'a pas les clés. Mais qu'à cela ne tienne : j'ai *la* mienne. Le compartiment qui m'intéresse est d'autant plus aisé à trouver qu'une fiche métallique annonce : 1990-...

J'extrais de ma soute (située près de ma zoute) mon ineffable sésame qui ouvre tout, y compris les huîtres. L'introduis dans la serrure en chaleur. Fornique.

Le tiroir sur glissière thérapeutique à conversion sextuple s'ouvre avec un léger soupir d'adolescente masturbée.

Le nuiteur n'en revient pas.

— C'est technique, murmure-t-il, vaincu.

— Et utile ! ajouté-je afin que notre échange ne prenne pas fin sur une connerie.

CHAPITRE

Tu me croiras si tu voudras, mais ça me fait plaisir de retrouver Oléron, si vivifiant et débonnaire. Les vacanciers y sont un peu prolos, certes, et même beaucoup, mais dans la vie t'as peu de choix. C'est soit la connerie bourgeoise, soit la connerie populacière, avec, de-çà et de-là, des pas trop cons aux défauts davantage élaborés. Se faire chier pour se faire chier, autant que ce soit à la bonne franquette, tu ne penses pas ?

Cette fois je me suis radiné en bagnole. Après mon initiative, au *Premier Consul*, je suis rentré à la maison. Mathias en écrasait des tonnes. M'man, vaincue par une longue veille, s'était endormie également. Comme il y avait un rai de lumière sous sa lourde, j'ai toqué, mais elle n'a pas répondu. Ayant entrouvert légèrement, j'ai constaté qu'elle dormait, la tête sur le côté, le souffle lent et régulier. J'ai eu un instant d'émotion rare, de celle qui te fait dire que ça valait quand même le coup qu'il y ait ce mélange d'oxygène et d'azote sur cette chierie de planète bleue.

Au bout de ma contemplation, j'ai éteint son chevet et suis parti sur la pointe des pinceaux.

Je me sentais rasséréné, confiant en l'avenir. C'est

bon de se ravitailler en tendresse quelquefois, de faire son plein de super, à la débottade. Ce dont je venais d'emplir mon réservoir, c'était du plus fabule des carburants : l'amour. Après ça, je pouvais poursuivre ma putain de route mouvementée.

J'ai pas pioncé des masses, mais ferme ! Cinq plombes ont suffi à recharger mes batteries. J'avais les idées aussi nettes qu'une vue aérienne de la Beauce à l'époque des blés mûrs. Tout était parfaitement clair, géométrique, et baignait dans une luminosité enivrante.

Au réveil, y avait des croissants chauds au beurre et du cacao crémeux. Je comprends pas qu'on adore son grand fils unique et qu'on le trucide au cholestérol. Les mamans, je te jure, y a des moments où leurs chiares les font rouler sur la jante.

Je m'en suis engrangé un max. En partant de la cuisine, il me semblait quitter la table de mon pote Sciclounoff qui est incapable de te recevoir sans t'accroître la surcharge pondérale de deux kilos.

Tandis que je croissantais, m'man m'a raconté la mort de Mme Mongamin, notre ancienne femme de ménage qui grabatait dans un mouroir depuis lurette. Et puis un vol à main armée chez le bijoutier de la rue André Sarda ; et encore la fille aînée des Cubilot qui a accouché de jumeaux pendant son voyage de noces. La gazette du coin ! Faut se tenir au courant, c'est la moindre des choses, quand on fait partie d'une banlieue de bonne tenue.

Je l'écoutais d'un œil distrait. J'arrivais pas à me dépêtrer de l'affaire du beauf.

Après le petit dèje, je suis allé tubophoner au Noirpiot. Juste il décarrait de chez lui. Son petit

« Carrefour Vavin » avait une grosse température, malgré la tisane de stupre veiné fleur que Ramadé avait mise dans son biberon.

— En désespoir de cause, vous devriez appeler un médecin, me suis-je permis de conseiller.

Il n'a rien répondu.

Ce grand primate bardé de licences préfère les grigris à la Faculté. Il dit que « c'est plus sûr ». Bon, chacun regarde l'heure à sa montre, hein ?

— Jéjé, ai-je abrupté, je t'ai demandé, cette nuit, d'enquêter sur les agissements de Marcel Proute depuis sa sortie de taule ; rectification, tu devras prendre la chose plus avant, c'est-à-dire au cambriolage accompagné de coups et blessures qu'il a opéré dans un laboratoire. Il me faut des précisions sur la nature du vol. On parle d'une « enveloppe jaune » ayant contenu des formules chimiques. Un peu bateau, tout ça. Il aurait été engagé et commandité par une dame mystérieuse qui, peut-être, a réapparu à Oléron en sa compagnie au moment de son assassinat. Si c'est bien la même, elle l'a contacté au début de l'affaire, dans un troquet de malfrats baptisé *Bar des Aminches*. Enquête également dans cet établissement, s'il existe toujours. Et si tu pouvais obtenir des infos sur sa vie au Canada, je tremperais mon slip de bonheur.

*
**

Le ciel est bleu-gris, la mer gris-bleu. L'air sent le varech et le doigt du valet de ferme venant de lutiner la Josette. Les parcs à huîtres s'étalent à mes pieds, peuplés de mareyeurs en action. C'est superbe et vivifiant.

Tiens ! je me cognerais volontiers une douzaine d'huîtres sans respirer, pour m'ioder l'intérieur. Jadis, ma grand-mère me faisait gober des œufs pris au poulailler, comme quoi c'était fortifiant et qu'ils me permettraient de devenir « un beau petit ». Effectivement, je suis un gars pas dégueu, selon des sources bien informées. Mais de là à affirmer que c'est aux œufs de grand-mère que je dois ma forme...

Le motel des Paray a recouvré sa tranquillité habituelle. Le couple a remis sa crèche en état et la police a embarqué la barcasse déglinguée qui servait d'enseigne (de vaisseau), comme pièce à conviction. Ça modifie le panorama : leur motel a l'air tout mignard et rabougri sans cette décoration insolite qui mettait de la couleur.

Ambroise, tu croirais un homme bleu du Hoggar venant de dévaler les escadrins de la tour Eiffel à plat ventre. Il ecchymose (verbe du premier groupe) à tout berzingue. Ses lèvres en rebord de pot de chambre lui font un parler bizarre qui n'est pas sans évoquer celui d'un débile profond. La monstre rouste qu'il a effacée a dû lui chancetiquer le mental car il s'est tassé, la tronche entre ses épaules de pingouin, le regard flottant, plein d'une perpétuelle appréhension, les mains tremblantes kif celles d'un parkinsonien en train de se taper un rassis.

— Quoi de nouveau ? fais-je en m'efforçant au débonnarisme (1).

— Il a peur, m'explique Grabote. Après cette agres-

(1) Débonnarisme : art de se montrer débonnaire.

sion de l'autre nuit, il a les nerfs brisés. Il s'attend à tout bout de champ à ce qu'on lui troue la peau et, qui sait, à moi aussi peut-être ?

— On l'aurait zigouillé l'autre soir, si ses ennemis envisageaient cette extrémité, tenté-je de la rassurer.

J'adresse un signe discret à la demi-frangine de Berthaga pour l'inviter à me suivre à l'extérieur.

Elle.

Sur l'arrière du motel, ça fait un peu lande, entre la construction et le bois où mourut Proute l'Arsouille. Quelques gros cactus de western poussent dans un sol sablonneux.

Devant les clapiers, plusieurs misérables transats de toile décolorée. Des dames y prennent le soleil. Les plus vieilles tricotent en jacassant d'un bungalow à l'autre. Une vachasse bourreletteuse offre ses cuisses bleues aux rayons de l'astre du jour, comme disaient les Romantiques du siècle dernier, qui ne chiaient pas la honte. La dame la mieux du lot, une châtaine-blonde avec de grosses lunettes noires, lit un bouquin de Stephen King qui doit peser 3 kilos 600.

Je coule un regard à la fois con, cul et pissant sur la vacancière que j'allusionne. J'apprécie son soutif noir, son short blanc, ses longues cuisses ambrées, ses ongles de pieds vernissés carmin. M'attarde sur ses genouxes bien ronds (dirait le Mammouth). La personne doit envisager la quarantaine sans trop paniquer. Le genre de gerce capable de tenir le premier rôle féminin dans « Le bidet en folie ». D'emblée, je me dis qu'il doit être plus joyce de l'escalader que la Roche de Solutré.

On s'éloigne de cette femme comestible, Grabote et ma pomme (en anglais : *my apple*).

La pauvre gerce est intimidée, voire carrément craintive.

— Vous avez quelque chose de grave à me dire ? elle s'inquiète.

M'abstiens de répondre. C'est toujours bon, comme dans le cas présent, de laisser mijoter à feux doux une épouse telle qu'elle dans les crainteries.

— Voyez-vous, chère amie, lui dis-je-t-il après un silence si prolongé qu'elle doit en faire pipi dans ce que je n'ose appeler sa culotte, je crains que votre cher époux ne m'ait pas tout dit.

— A propos de quoi ?

— A propos d'un peu tout. Votre affaire n'est pas claire. Je n'arrive pas à piger pourquoi « on » s'est donné le mal (car c'en fut un) de hisser un ex-camarade d'Ambroise sur le toit de votre motel alors qu'il était mort. Je pige moins encore les motivations de ses deux agresseurs qui l'ont à moitié massacré sans lui parler. Quand des mystères de ce calibre échoient à un individu, c'est que ce dernier est le pivot d'une affaire de première classe.

Elle récrie, avec fougue et sanglotage vocal :

— Broisy ! Vous ne pouvez pas savoir à quel point sa vie est irréprochable, depuis des années ! Il suit le droit chemin, je vous en conjure. Honnête jusqu'au bout des ongles. C'en est devenu de la maniaquerie de sa part.

— Et vous n'avez pas la moindre idée sur les raisons d'un tel micmac ?

— Pas la moindre ! Il est pris dans un engrenage dont je comprends rien, monsieur San-Antonio.

Elle ajoute :

— Si vous mettiez la main sur ses agresseurs de

l'autre nuit, peut-être qu'ils pourraient vous fournir des explications ?

— C'est une excellente suggestion ! approuvé-je, je vais y réfléchir.

Elle semble calmée par ma promesse puis, soudain, pousse un cri qui rappelle à s'y méprendre celui de l'otarie en rut.

— Vous ne savez pas ce qu'il arrive à ma pauvre Berthe ?

— Quoi-ce ?

— Ils lui ont fait prendre un médicament à l'hôpital, qui lui fait pousser la barbe. On dirait la photo de Karl Marx, on va être obligé de la raser, parce qu'il y aurait des hormones mâles dans le produit !

— Berthe en femme à barbe ! Voilà qui ne doit pas manquer de piquant, plaisanté-je, séduit par cet aspect nouveau de la Baleine. Notez qu'elle a toujours eu le système pileux fort développé.

— C'est juste, reconnaît la Cosette d'Oléron. Mais c'était surtout au bas-ventre que ça se propageait.

Nous sommes interrompus par le joyeux hèlement de l'adjudant Narguilé.

Il s'avance vers moi, tout frais, les joues talquées, le sourire comme une tranche de pastèque dont les pépins seraient blancs.

— Vous n'étiez pas là, hier, fait-il en pressant ma dextre ouvragée de la sienne.

— J'ai dû faire un aller-retour à Paris, réponds-je. Votre enquête progresse ?

— On a retrouvé une Range-Rover abandonnée dans le bois de Beauregard. Le véhicule a été volé à Paris, il y a plus d'un mois à un architecte. J'ai demandé à ce qu'on relève les empreintes. Une fouille approfondie n'a rien donné.

Je ne puis m'empêcher de penser que si elle avait été effectuée par l'illustre Sana, il n'en serait peut-être pas de même.

C'est de la suffisance de ma part, tu crois ?

CHAPITRE

Autrefois, y avait peu de magouilles connues dans le monde politique. Quand un problo surgissait, même pas un gros, le gouvernement tout entier sautait. Ça ne badinait pas, espère. Un édile pris à partie par la presse se filait une bastos dans la bigouden, pas survivre au déshonneur. A notre époque de haut pourrissement, ça se déroule plus pareil. Les gars en place se goinfrent, bâtissent des châteaux çà et là (mais pas en Espagne), trafiquent de n'importe quoi, bref usent et abusent de leurs fonctions pour baliser leurs comptes suisses. T'as bien quelques vaillants petits juges qui tentent et intentent pour essayer d'endiguer la vérole, mais ils sont mal vus « d'en haut lieu ». Passent pour des énervés qu'il faut tenir à l'œil et moucher à la première occase. Les chevaliers ammoniaqués se font critiquer là où c'est pas fameux de l'être. Ils sont attendus au virage, ou bien en bas de leur domicile pour une tisane party de plomb fondu. Ce sont les héros des temps modernes, comme quoi le droit mène à tout.

Pour te dire que la masure (1) du député Genouillé

(1) Pardon, Bruno.

Maurice, dans la partie résidentieuse de Rochefort, c'est pas de la maisonnette de garde-barrière.

T'as vu jouer « Autant en emporte le ventre » ? Tu te rappelles la crèche coloniale de Scarlatine au Haras ? Ben ça, en plus abouti. Des champs, des bois, des grèves (sans grévistes), plus un domaine capable de reloger l'école de Saint-Cyr.

Naturliche, sitôt que je me pointe sur l'esplanade, le gros saint-bernard à la con vient me filer sa truffe d'une livre dans le bénouze ! Tu sais qu'il me cloque des complexes, cet animal ! Je décris une volte et lui place un coup de genou dans la physionomie. Sec ! Ça fait un bruit de contrebasse à cordes qui vient de choir.

Contrit, le sahara-bernard évacue ses quatre-vingt-cinq kilogrammes de barbaque ainsi que ses perversités en direction d'un massif de fleurs et l'arrose d'urgence. Pas grave : y a que la pisse de chienne qui désherbe.

Un gazouillis de converse féminine attire mon attention. J'avise, sur ma droite, un temple d'amour drapé de rosiers grimpants qui fait songer à un dessin de Peynet.

A travers les fleurs, j'aperçois mes deux gentilles dames sur un banc romantique en fer forgé, dans une posture gracieuse encore que relâchée. Solange Genouillé est assise à une extrémité du siège, tandis que sa « victime » s'y tient allongée, sa ravissante tête sur les genoux de l'hôtesse. L'une et l'autre portent un short très étroit et un chemisier dont les pans sont noués au-dessus de la taille, ce qui libère leurs ravissants ventres plats.

Je me retiens de bouger, voire de respirer, pour ne pas trahir ma présence. Dieu que ce tableau est plaisant ! Je voudrais pouvoir le lécher sans omettre le moindre centimètre carré. Une féerie. La châtelaine, puisqu'il ne faut pas toujours l'appeler par son nom, ce qui fastide à la longue, a dégrafé le corsage de sa jeune invitée et lui caresse délicatement la gorge (c'est commak qu'on appelle les loloches d'une ado dans le grand monde où je suis parfois invité). Eve ferme les yeux. Elle semble trouver ce massage mammaire intéressant. Dis : c'est l'aubaine. La pension est bonnarde. Bien mieux que le campinge de la « Maugréance » où le vieux salingue cherchait à lui fourguer son brise-jet-verseur ! Elle a un succès monstre, la jolie fauvette. Les barbons, les petites dames frivoles, les policiers célèbres, tous tombent sous son charme ! M'est avis que, bientôt, c'est plus un Solex qu'elle se fera offrir, ma protégée, mais le chouette cabriolet Mercedes.

Mme Genouillé, plus souple qu'une Eliane (dirait Béru), se penche et parvient à lui donner un délicat baiser sur la bouche, qui semble être du goût de la gosseline. J'ai cru remarquer, au cours de ma prodigieuse vie sexuelle, que les initiatives homosexuelles chez les femmes sont la plupart du temps bien accueillies. Il te suffit d'embarquer deux frangines pour les retrouver tête-bêche (et tête-lèche) en moins de jouge. Tu cries « A table ! » et, dociles, elles s'y mettent. Chez les mecs, c'est un tansitoit plus duraille. Ils se gênent, comme on dit en Helvétie septentrionale. Physiologiquement, y a des implications que ne connaît pas la fumelle.

Donc, la châtelaine mignarde ma protégée, la baisotte, la glitouille, s'incline pour une caresse du médius en accent circonflexe sur le délicat bigornuche rose, lui glousse des embryons de mots, des soupirs pâmants, des inarticuleries qui flanquent le bâton de Guignol dans le bénoche de l'ami Sana. Je suppute que d'ici moins que pas longtemps, la coquine Solange va entraîner son invitée en une chambre tapissée de satin rose (ou bleu) pour la perpétrer plus amplement et, surtout, plus commodément.

Je souhaiterais fort participer à cette sauterie intime, mais doute d'y être admis en cette opulente demeure où un personnel qui ne se limite certainement pas à une femme de ménage portugaise, pleine de poils à jambes sur la gueule, doit exercer une surveillance vigileuse.

Voilà maintenant que l'énervée du frisé y va d'un doigt de cour. Pardon : de deux (médius et annulaire associés). Eve roucoule comme une volière pleine de tourterelles. Son hôtesse trouve d'aimables mots stimulateurs et frénétise des phalanges. L'adorable étudiante de Clermont-Ferrand se chope un panard en Chronopost qui est le fait de sa jeunesse. Ses douces roucouleries feraient mouiller l'os de seiche de ton canari.

J'entre dans le temple d'amour (qui n'a jamais aussi bien mérité son appellation) au moment où la châtelaine républicaine, se pourlèche les doigts, à la manière de mon ami Bocuse quand il vérifie l'assaisonnement du homard thermidor à la confiture de groseille.

— C'est du produit de première fraîcheur ! assuré-je-t-il en insérant mon physique de théâtre dans l'ouverture.

Bondissement des deux polissonnes prises, non pas en faute car pour moi ce n'en est pas une, mais en flagrant délit de volupté ; sur leurs ravissants visages le feu passe au rouge. Leurs expressions atterrées me font honte. De quel droit leur gâché-je si charmant abandon ? Y a qu'un salaud de butor d'homme pour commettre pareil sacrilège ! Je cherche désespérément réparation à ma goujaterie. La trouve.

— Je ne résistais plus ! affirmé-je en déballant Astérix le Gaulois de l'asile temporaire que lui assurait mon Eminence cent pour cent coton.

L'amour changea de camp
Le combat changea d'âme.

Tu la verrais me glouper le pilon à aïoli, Solange ! Après sa mise en condition, mon braque représente une forme de salut, kif l'entrée en guerre des U.S.A. au cours de la Dernière. La façon qu'elle m'entonne, bien au-delà des molaires du fond ! Elle a la luette pas contrariante, Mme Genouillé, pour pouvoir se respirer un paf jusqu'aux bronches.

Sa prouesse fait l'admiration d'Eve qui considère l'exploit comme une qui voit se poser une escadrille de soucoupes volantes. C'est bien, je trouve, l'initiation par l'exemple. Elle constate ainsi que c'est possible, donc, elle aura à cœur de prendre la prouesse à son compte, doré de l'avant (Béru dixit).

Pas chien (ou si peu !), je me dis que la pauvre députière a droit elle aussi à sa part de panard homologué. Dans la conjoncture actuelle, compte tenu de l'exiguïté et de l'inconfort de cette espèce de grande cage fleurie, j'estime — et je pense que tu partageras mon avis — qu'il n'est qu'une vaillante levrette. Certes, comme il m'arrive de le répéter en Sorbonne, cette prise inconfortable, parce que soudarde, n'est pas à la portée du premier venu. Généralement, l'homme vieillissant la bannit de son répertoire, par crainte d'une interruption prolongée de l'image ; c'est pourquoi il convient d'en profiter avant les frimas. En tout cas, elle est du goût de ma partenaire qui, sitôt qu'elle a compris mon estimable dessein, se place dos à moi, inclinée à l'équerre, les bras noués aux épaules de l'exquise petite Eve dont l'éducation sexuelle va à pas de géant.

Nantie de ce support gracieux, Solange se prête admirablement à mon entreprise et ne tarde pas à hurler de plaisir, ce qui nous vaut la visite impromptue du jardinier.

C'est un mec à moustache qui ressemble au brave gonzier qui, à la téloche, t'apprend à greffer les artichauts et à faire du compost avec tes restes de caviar.

— Madame a besoin de quelque chose ? bégaie le manipuleur de nature avec un bon accent de la région.

— Non, lui réponds-je. Madame a tout ce qu'il lui faut, du moins je l'espère.

L'homme ne se résout pas à partir. Il contemple avec intérêt sa patronne qui tète voracement un sein d'Eve, tout en subissant, postérieurement, les violents assauts de mon guiseau.

Solange part au zénith. Je lui verse la rançon de ma gloire. Instant de frénésie furieuse ponctué de clameurs qui expriment une liesse organique.

— C'est une belle combinaison, admet celui qui sait planter les choux à la mode de chez lui ; j'espère que je vais m'en rappeler.

Il s'éloigne avec le sentiment réconfortant de ne pas avoir perdu sa journée.

*
**

Evidemment, ensuite, nous devons affronter un moment de gêne consécutif à notre éducation bourgeoise. Mais lorsqu'on est entre gens de bonne compagnie, épris de fantaisie, on le surmonte assez rapidement.

— Vous êtes décidément un policier hors série, dit en souriant la bonne hôtesse de ma protégée.

— Anticonformiste seulement, rectifié-je ; je sais, depuis mon jeune âge, combien les vies les plus longues sont brèves et j'ai à cœur de profiter de la mienne.

Un tendre patin à chacune des deux complices, pour parfaire l'harmonie de l'instant.

— Douce amie, dis-je à Solange Genouillé, je voudrais répondre par du bonheur à celui que vous venez de m'accorder...

Elle m'interrompt :

— Rassurez-vous, il a été amplement partagé.

— Merci de rassurer l'homme épris d'équité que je suis. Cela dit, il faut que nous revenions à des questions policières, donc terre à terre.

— Je suis prête, assure l'aimable femme avec un délicieux sourire de salope comblée.

— Vous m'avez menti, ma douce, en avouant avoir renversé notre chère petite Eve, sur le pont.

— Pourquoi dites-vous cela ?

— Parce que vous ne conduisiez pas la voiture, au moment de l'accident.

Elle ne répond rien, me regarde avec plus que de l'intérêt, le cul choyé, la bouche également juteuse.

— Ce n'était pas vous qui pilotiez l'auto, ma chérie, mais la maîtresse de votre époux. Elle a perdu les pédales parce que, précisément, ce dernier lui bricolait, sous le tableau de bord ce que vous avez prétendu qu'on vous faisait à vous-même. Affolés, les deux tourtereaux se sont enfuis, un député ne pouvant être confondu en si spéciale posture. Il est rentré ici dans la foulée et vous a demandé de porter le chapeau ! Je suppose que vous menez, l'un et l'autre, une existence très libre ? Pour préserver sa situation, vous avez accepté de prendre le délit à votre compte. Genouillé ne pouvait complètement écraser le coup, se doutant bien qu'un quidam aurait relevé son numéro. A tout prendre, il valait mieux que l'épouse fasse une bêtise plutôt que le représentant du peuple en personne.

« Ayant obtenu votre accord plein d'abnégation, il est allé à la gare, a laissé la voiture sur le parking, puis a frété un taxi pour Surgères sans s'être rendu compte que votre gros bestiau de saint-bernard roupillait à l'arrière de votre tire. C'est dormeur, ces petites bêtes. Une fois là-bas, il a pris pour revenir son dur habituel. A salué des gens à sa descente du train, y compris les employés de la gare de Rochefort, discuté avec Pierre, Paul, Jacques pour bien marquer qu'il revenait de Paname. Ensuite, il a retrouvé sa bagnole afin de rentrer chez lui avec la bonne conscience du député ayant rempli sa tâche.

« C'est alors qu'il a constaté que la jauge d'essence péclotait. Il est allé faire son plein. Nous avons lié connaissance à la station. J'avais le numéro de votre véhicule. Nous sommes entrés en contact, assez durement. Il s'est justifié, en vous imputant la faute de sa maîtresse et nous nous sommes quittés sur sa promesse d'apporter un Solex compensatoire à notre petite chérie. »

Je passe la main sur ses seins, la promène ensuite sur la poitrine d'Eve non pour comparer mais afin de ne pas éveiller une vilaine jalousie entre deux belles âmes qui, pour l'heure, s'entendent si magnifiquement.

Elles m'écoutent avec confiance. Adorables !

— Et ensuite ? me presse Mme Genouillé.

— Sur le moment, je n'ai pas eu la présence d'esprit de m'attarder sur un détail important, cher ange.

— Lequel ?

— Votre gros saint-bernard qui s'est épris de mon fondement comme Roméo de Juliette. Il se trouvait en compagnie de votre époux pendant qu'il faisait le plein, de votre mari qui prétendait débarquer du train de Paris à l'instant même. Si tel avait été le cas, comment aurait-il pu disposer de la Peugeot ? Il aurait fallu que quelqu'un la lui ait conduite à la gare, non ? Quelqu'un qui l'y aurait laissée avec un chien dedans ? Hum, un peu bizarre autant qu'étrange. Certes, ce quelqu'un aurait pu être vous. Pourtant, mes renseignements pris, à l'heure de son arrivée vous vous trouviez à une sauterie chez vos voisins, les Latronche de Gaille, qui fêtaient les dix-huit ans de leur fille Clotilde, celle qui a un bec-de-lièvre mal opéré et un pied bot. Conclusion : personne d'ici n'avait pu mener la tire à la gare en laissant votre chien à l'intérieur : vos deux femmes de chambre-cuisinières ne savent pas conduire, le jardinier ne vient que deux fois par semaine et le chauffeur du député se trouve à Bordeaux au chevet (ou dans le lit) de sa maîtresse qui souffre d'une induration du clitoris provoquée par l'abus d'un trognon de chou mal effeuillé.

Les deux friponnes se tordent de rire.

— Vous êtes impayable ! pouffe Solange.

— Erreur, assuré-je, je suis payable, seulement il faut y mettre le prix.

CHAPITRE

J'adore les bois, les forêts, les bocages. Là est le départ du monde. Là, tu retrouves la Terre avant la venue de ce con sublime qui s'appelle l'homme. L'odeur de lent pourrissement, les remugles de sépulcres frais me chavirent.

Sans mal, je repère l'endroit où, d'après l'idiot, se trouvait feu Marcel Proute. Je te l'ai déjà dit : un tas de ruines bouffées par les plantes sur une sorte de butte qu'escalade une sylve impétueuse.

Il avait des jumelles pour pouvoir observer les allées et venues autour du motel à la gomme de son ancien pote de carcération. Le demeuré a fait périr Proute à cause de l'instrument d'optique, parce qu'il lui déplaisait qu'un inconnu espionnât l'individu qui lui est amitieux.

Je casse une branche de thuriféraire, la débarrasse de ses pousses et m'en sers de canne pour fouillasser dans les plantes sauvages du sous-bois. Je procède de manière ordonnée, comme pour une battue, en quadrillant bien le terrain.

L'opiniâtreté est toujours récompensée, m'assurait mon papa qui employait le mot « persévérance » plutôt qu'opiniâtreté, lequel est déjà savant, mine de rien.

A mon cinquième parcours, tu sais quoi ? Ah ! t'as déjà tout compris ? C'est curieux, t'as pourtant l'air pas bien fini ; ben oui : les jumelles, mon vieux. Noires dans les plantes lianeuses trempées d'une rosée qui s'attarde toute la journée dans ces lieux arborisés proches de l'océan. C'est pas de la lorgnette de théâtre destinée à mater les décolletés dans les galas de la Comédie-Française. Mais du vrai outil de l'armée, mec ! Et de l'armée américaine, la seule qui soit homologuée de nos jours quand tu veux rétablir la paix dans le monde !

J'ai un geste machinal qui consiste à la hisser jusqu'à mes délicates prunelles. C'est alors que je me rends compte d'une chose d'importance (et d'importation) : elles sont nyctalopines, c'est-à-dire qu'elles permettent de voir à distance aussi bien la nuit que le jour. Ainsi, M. Blanc tirerait sa Ramadé dans un tunnel éteint, je pourrais te raconter la manière qu'il l'embroque ! C'est wonderf, hein ?

Je mate en direction du motel et aperçois la jolie dadame qui prenait naguère le soleil. Maintenant, elle se trouve à l'ombre et se fait les griffes, ayant disposé son nécessaire sur une chaise. Avec méticulerie, elle passe un pinceau chargé de vernis pourpre sur ses lunules, en tirant un bout de langue appliqué que je la verrais bien promener sur le filet de mon Explorer *number one*.

C'est vrai qu'elle est appétissante, cette moukère. Son julot doit la rejoindre en fin de semaine pour la copulation weekendière. Je pourrais peut-être lui assurer un brin d'intérim, va savoir, Charles ? Prendre à mon compte les coïts de semaine en laissant le gala dominical à son cornard. Chatte à suivre. Je la délaisse à mille regrets pour effleurer de la rétine d'autres gerces, vachasses, celles-là, dont la pire tutoie le quintal et demi dans une apothéose de varices, vergetures et bourrelets cascadeurs.

Mon panoramique gauche-droite m'amène enfin à « l'office » du motel. L'auto des Paray ne s'y trouve plus ; je me rappelle que Grabote a déclaré qu'elle allait rendre visite à la Bérurière. Faudrait que je me décide à l'imiter. Lui porter, non pas des fleurs, mais un pot de rillettes, une terrine de gras-double, du sauciflard ou de la tronche roulée, la moindre des choses, quoi.

En immobilisant ma lorgnette, j'avise le gars Ambroise dans son antre. Il est prostré devant son bureau, la tête entre ses mains, l'air d'un qui échangerait volontiers sa vie de cloporte blessé contre une chique de tabac longuement mâchée. M'est avis que la trouille le déminéralise, Fesse-de-rat. Il sent rôder la mort autour de lui et doit souvent changer de slip. S'il a des fautes à expier, il est en train de se mettre à jour, je devine.

Rien de plus pernicieux que la peur qui se promène, qui couve, que tu ne cesses d'appréhender ; qui, à chaque seconde, distille une goutte d'acide prussique et la laisse tomber sur ton système nerveux. C'est corrosif, l'angoisse. Ça ronge.

Je demeure à mon poste d'observance, à visualiser ce panorama cacateux. A l'exception de la gerce en train de se vernir les griffes, il n'y a que chétivité, maussadité, dégueulance.

« Et cependant, songé-je : la vérité est là. » Quelle vérité ? Tu le sais, toi ? Moi, pas. Faut faire quand même. Nous devons toujours avancer, dans ce turf, même lorsque nous ignorons où nous allons.

Et voilà qu'une pensée en béton, que La Bruyère n'aurait jamais eue, fait onduler le dessous de ma coiffe.

Moulant mon poste de matage, je me dirige vers la cabine téléphonique située à quelques pas de la recette auxiliaire des P. et T. J'arrache une page de l'annuaire qui concerne les infortunés abonnés dont le blase commence par « T ». La divise en deux, roule fin chacune des parties pour les glisser entre mes lèvres et mes gencives. Rien de tel pour modifier radicalement ton élocution D'en plus, je me propose de prendre un accent sudien, quelque chose hésitant entre le rital, le corsico et le crouille. J'ai un petit talent d'imitateur assez plaisant. Patrick Sébastien qui m'a conseillé. « Efforce-toi d'aimer ceux que tu contrefais, il me répète, le grand frisé. Si tu n'éprouves pas de la tendresse pour eux, tu les loupes : ils t'échappent. »

Je m'efforce donc. Ce qui ressort est un compromis en Julot Iglésias, Haricot Machiasse et Marcello Masse-trop-Yanni.

Sonnerie brève. Décrochage presque immédiat ; évidemment, « il » est à son burlingue !

— Motel de la *Barque sur le Toit* écoute.

Bien une tournure de phrase à la pleutre !

— Y a plus de barque sur ton toit, Fesse-de-rat, je lui dis-je en trivialant à l'excès, faudra que tu débaptises ton usine à *rabbits*.

Je sens qu'il devient instantanément exsangue et que son souffle ne lui permettrait plus de gonfler une capote anglaise de Japonais.

— Qu... qu... qui êtes-vous ? parvient-il à demander.

— T'as entendu causer des « nettoyeurs de tranchées » de la Grande Guerre, branleur ? Eh bien ça, en quelque sorte.

Sa respiration saccadée fait un bruit de gogues de gare, quand plusieurs voyageurs défèquent simultanément dans les rangées de cabines en froissant leur faf à train (si j'ose dire).

— Tu visualises bien le topo, Niacouet ? reprends-je. T'as dépassé les limites d'usage et nous allons aborder la phase finale. Note qu'on va pas te bousculer : je te laisse cinq minutes pour réfléchir. Passé ce délai, tu mets les pouces, sinon tes funérailles auront lieu avant la fin de la semaine, et t'auras ton zob dans ta bouche pour faire plus rigolo quand tu te présenteras devant ton créateur.

Je raccroche sec.

A cinquante-deux mètres dix de la cabine, se trouve un charmant bistrot où des pêcheurs aux cuissardes crépies d'écailles de poissecaille éclusent du frelaté. Ils parlent à l'éconocroque, par onomatopées d'occasion. Dur métier qui t'apprend à fermer ta gueule et à ne pas penser trop littéraire. Quand tu passes ta vie à t'arc-bouter sur un pont en mouvement, t'es peu porté sur l'échec de la métempsycose dans le christianisme.

Polis, ils m'accueillent d'un hochement de tête prudent et ma qualité de mec venu d'ailleurs les réduit au silence complet.

Je commande une bière et joins mon mutisme au leur. Toujours ce bruit immense et lancinant de l'océan montant inlassablement à l'assaut de la terre. La léchant pour mieux la ronger.

J'essaie de gamberger. Plus je phosphore, plus je me dis que *fatalement* le petit beauf-grignette du Mastard détient un secret, et que c'est because celui-ci que d'étranges personnages se bousculent au portillon de l'île d'Oléron. Rien n'est jamais gratuit. Hormis un malade mental, aucun homme n'agit sans raison.

J'écluse ma bibine dessoiffante à longs traits, comme disent les charretiers. Il est temps de renouveler mon appel.

Il se tenait aux aguets, car il décroche avant la fin de la première sonnerie.

— Alors, Baratte-à-merde, qu'as-tu décidé ? dis-je d'un ton mutin.

— Ça ! il hurle.

Une forte détonation m'escagasse le tympan droit. Suivie d'un choc sourd.

Puis c'est le silence !

Je m'abstiens de regarder avec hébétude le combiné téléphonique, comme le font les gaziers de cinoche sous le coup d'une forte émotion. Sobrement, je le replace sur sa fourche caudine. Je me sens davantage glacé que le marbre servant d'étal à une poissonnerie. Le cœur du poète que je suis bat à 40 pulsations. Mon sexe est plus recroquevillé qu'un escarguinche à la parisienne au fond de sa coquille.

— Seigneur ! fais-je familièrement à Ce dernier ; pourquoi avez-Vous permis que mon initiative à la con conduise ce paumé au suicide ?

Je m'en vais en tubitant, ou en titubant, je ne sais. J'en oublie de carmer ma bibine, ce que la cabaretière me rappelle d'un hèlement de piroguier depuis sa terrasse.

Je reviens lui fourrer un talbin de cent points dans le pli de sa ligne de vie (elle n'a pas de ligne de chance).

Lui bredouille de « garder la monnaie », ce dont elle s'acquitte avec un étonnement magistral.

M'en vais, du pas lourd des mareyeurs à travers leurs plantations d'huîtres.

CHAPITRE

On m'interpelle.

Une voix de store, dirait Béru (dont la cruelle absence m'est douloureuse).

— Directeur !

Mouvement de tronche de l'apostrophé.

Qui reconnaît l'énorme docteur Paranaud, habillé en vieux motard que j'aimais (« mieux vaut tard que jamais », je te l'ai déjà faite mais je ne m'enlace pas).

Il est à bord de sa décapotable superbe : mi-Tarass Boulba, mi-Tartarin de Tarascon. Son casque de cuir aux oreilles de basset artésien complète son aspect « Bonhomme Michelin » des anciennes affiches.

— Cette enquête avance ? fait-il en stoppant sa ronfleuse.

Je m'en sors par des onomatopées riches d'évasiveté.

— Y a fallu que je revienne à Oléron, m'expliquet-il, alors que je ne lui demande strictement rien. Figurez-vous que j'avais perdu mon permis de conduire et ma carte d'électeur en bouffant le cul de ma gentille hôtesse. Ces putains de papiers étaient tombés de ma poche revolver et, après minette, la prenant en levrette, ainsi qu'il est d'usage, je les ai envoyés sous le plumard du bout du pied.

— Vous tombez bien ! finis-je par éructer comme un Etrusque brusque.

— Pour quelle raison ?

— Venez avec moi jusqu'au motel de la *Barque sur le Toit,* Doc, et vous le saurez.

Pas contrariant, il remet sa ronfleuse en marche et m'escorte sans me proposer de monter à son côté ; d'ailleurs y a plus de place.

L'établissement est tranquille. Des chiares jouent à promiscuité. Se peut-il qu'un coinceteau si innocent soit le théâtre de drames ? Bonne question ! Il fallait être San-Antonio pour oser la formuler. Remercions-le de l'avoir posée, mes bien chers frères.

Tu sais que, généralement, c'est jamais ce que l'on avait imaginé qui se propose à ta vue ?

Ben là, si.

Je voyais la scène telle qu'elle est : le beauf à son méchant burlingue, la tronche sur le sous-main réclame (vantant les mérites indiscutables de la prestigieuse Suze dont mon père fit une large consommation en l'additionnant de sirop de citron afin d'en tempérer la riche amertume), un bras pendant, l'autre curieusement recroquevillé et dont la paluche serre encore un vieux pistolet au canon marqué de rouille. Oui : c'était pile commako dans mon imaginaire. Une vision du type « O », à développement instantané.

Je désigne le suicidé à Paranaud :

— Même si vous n'aviez pas perdu votre permis, il vous aurait fallu revenir, Doc.

Le Michelin du scalpel en émet un pet admonestateur qui couperait la chique à une diva d'opéra s'apprêtant à attaquer le grand air de « Marguerite » dans *Faust.*

— Chié-la-bite ! grommelle l'obéso-scientifique. Qu'est-ce qu'il leur arrive, sur cette île de mes couilles !

Il arrache son casque de cuir râpé et se penche sur le beauf. Tout en l'examinant, il lui parle, selon son habitude :

— Montre un peu, Ducon ! Alors t'as voulu aller à la foire aux asticots. Mais tu vis encore, Tête-de-paf ! Et tu te paies même un quatre-vingt-dix de pulsations tout ce qu'il y a de correct pour un crevard de ton espèce ! Bon, t'as bougé au moment de presser la détente, à moins que ce ne soit l'instinct de conservation, petit drôlet. La balle est partie en biais. Ta portugaise est déchiquetée et a vachement saigné.

« Voyons le temporal... Un sillon peu profond. La bastos a fait péter une partie de l'arcade sourcilière. Faudra que tu portes des lunettes à grosses branches pour masquer la cicatrice, plus tard, mais tu seras pas plus moche pour autant ! Ta tension, Dunœud ?... Quinze, huit ! Putaine, si je pouvais avoir la même, j'en ferais mes choux gras !

« Bon ; quelques jours d'hosto, davantage pour réparer ton moral suicidaire que ton crâne de piaf, et tu redeviendras opérationnel. »

Il va au téléphone et, tout en composant un numéro, me dit :

— Le suicide est un langage, surtout quand il est raté. Ce crapoteux de mes fesses appelle au secours à sa façon, vous en êtes conscient, directeur ?

— Tout à fait, docteur !

— Merci.

— Y a pas de quoi.

***

— Tu viens boire un coup avec moi, l'Intello ?

Plus belle gueule de crétin, y a que dans des illustrations de mon vieux Dubout ou de Gustave Doré que t'en rencontres.

Il est vachement primate, cézigue-pâte, avec ses longs bras au bout desquels pendent deux mains dont la mission essentielle est de demeurer inertes, avec sa frime de singe, aux yeux enfoncés, sa bouche pleine de grosses dents faites pour bouffer des bananes non épluchées, sa bibite qu'il sort pour un rien de son bénoche et pétrit d'abondance. Il conserve en permanence un rictus étrange qui, tout à la fois exprime la surprise et la crainte. Et cependant c'est un homme. Pour grimper encore sur mon éternel dada, laisse-moi te dire que ce demeuré, sur Pluton, Mars ou Neptune, il ferait un malheur ! Car ça reste un jules, tu piges ? Il « EST », nom de Dieu ! C'est pas rien, d'être. Faut le faire !

On se rend au troquet que je viens de quitter ; là où la bistrote a cru que je lui faisais de la grivèlerie. Me voyant reviendre, elle cesse de me mater d'un œil sucepisseux (comme dit Bérurier).

Cette fois, je néglige la bière pour commander une boutanche de vin blanc que je règle à la livraison.

— T'es heureux ? m'enquiers-je auprès du décoiffé de la matière grise.

Il opine avec la véhémence du juste. Ça doit être reposant dans sa tronche. C'est tout bon : le soleil, sa bite, le pinard, une tranche de lard sur son pain. Il bouffe, dort, se pogne. La vie de château ! Que ne suis-je né crétin, moi qui pense l'être déjà à moitié !

— Ça t'ennuierait qu'on parle du bonhomme de la forêt, celui que tu as tué d'un coup de poing ?

Il secoue la tête, m'indiquer que, tout ce que je veux du moment que je paye à boire.

Il boit. Cul sec. Dès que son godet est plein, il le vide. Fastoche à soûler, un zigus comme lui. Suffit de connaître le principe sacré des vases communicants.

L'ennui, avec un mecton tel que le videur de chiottes du motel d'Ambroise Paray, c'est qu'on arrive mal à cerner son point d'imperception. Faut le tester.

— Dis voir, l'Intello, tu connais l'histoire des deux mouches sur une merde ?

Il secoue lentement sa boîte à philosopher.

— Y en a une qui pète, poursuis-je, et sa copine s'écrie : « Ah ! non, pas en mangeant ! »

Cette aimable historiette du premier degré le laisse de marbre. Ce que constatant, je m'abstiens de lui faire réciter le théorème de Pichetegorne (le Gravos dixit).

— Ecoute, le grand, tu m'as dit que tu as rencontré le mort de la barque dans le bois ; mais je ne me souviens pas t'avoir demandé si tu l'avais déjà vu auparavant.

Je crains un instant que ce dernier adverbe ne lui cause un blocage : sa manière de joindre ses sourcils et d'attraper sa bite à pleine main me le donne à penser. Et puis non. Ma question, après avoir serpenté dans les méandres de ses méninges, arrive à bon port.

— Si, il admet, la nuit, avec la dame.

— Quelle nuit ?

— Je sais plus.

— Quelle dame ?

— La dame qui me laisse voir son cul.

— C'est intéressant, admets-je en emplissant son glass pour la énième fois ; parle-moi de cette femme.

Une expression de gravité teintée d'effroi apporte un semblant de vie à sa face idiote.

Il écluse. Le flacon commence d'être à marée basse.

— Elle te le fait voir souvent, son cul, l'Intello ?

— Tous les jours.

— Et il est beau ?

— Oh ! oui, avec du poil.

— De quelle couleur ?

— Jaune.

— Tu veux dire qu'elle est blonde ?

— Oui.

— Où se trouve-t-elle, cette jolie ?

Il a l'air terrorisé.

— Je peux pas dire.

— Pourquoi ?

— Elle me laisserait plus regarder.

— Elle te l'a dit ?

Acquiescement de mon pote au cerveau fusé. Je tente de le circonvenir, lui promettant monts, merveilles et fric ; mais il tient trop à son jeton quotidien pour s'affaler. Comprenant qu'en insistant je ne ferais que le braquer, je laisse quimper le sujet. Ce n'est qu'à la fin de la deuxième boutanche que je le rambine :

— C'est le soir que tu regardes le joli cul de la jolie dame ?

Négation.

— Le jour ?

Re-négation.

— Quand, alors ?

— La nuit.

— Comment ça se passe ?

— Je dirai pas !

C'est du définitif.

— Tu as bien raison, bonhommé-je ; quand on peut se payer un jeton surchoix, on le conserve pour soi tout seul.

***

Je turlute à ma Féloche. Ça me biche kif une crise d'asthme. Un brusque besoin de l'entendre, de m'assurer qu'elle est toujours vivante et que la Terre continue de girer dans le bon sens.

La sonnerie. On décroche.

— J'écoute, marmonne une voix d'homme.

Sur l'instant, je crois m'être trompé, et puis, une soudaine illuminance.

— C'est toi, Xavier ?

— Ah ! c'est toi ? fait Mathias, en écho. Ta mère est au marché.

— Comment vas-tu, la Rouquinance ?

— Beaucoup mieux, grâce à Mme Félicie. Elle vaut tous les psychiatres. Depuis que je suis chez vous, mon moral revient ; je pense rentrer chez moi d'ici deux ou trois jours. J'ai déjà de longs coups de téléphone avec ma femme. Il faut que je me réhabitue à l'idée de la revoir, de lui refaire l'amour, tout ça. Elle est tellement frigide, tu comprends ?

J'évoque la bourrasque qui me ravageait le Pollux, l'autre nuit.

— Il faut que tu la révèles à elle-même, Rouillé.

— En quoi faisant ?

— En la calçant comme tu calçais sa nièce, Rouquemoute.

Il a un soupir de pneu de formule I qui se dégonfle.

— Impossible. La petite, c'était une tornade. Quand elle m'entreprenait, je croyais toujours qu'elle allait dévorer mon paf, Antoine, ou bien le tréfiler avec sa chatte étroite. Une telle nature, on n'en rencontre qu'une seule au cours d'une vie.

— C'est ce que je me dis chaque fois que je tombe sur une grande pineuse, Xavier. Heureusement que c'est des berlues ! S'ils ne s'étaient suicidés, Juliette aurait pondu huit chiares avant qu'on l'opère d'un fibrome, et Roméo, compte tenu de l'époque, se serait morflé quinze blennorragies avec les pétasses de Vérone. Quoi de mieux que les amours qui se mettent en cessation de paiement pendant qu'ils sont dans la force de l'âge ! Mais assez philosophé, mon vieux Brasero. Ta science nous manque. J'agite mes paturons dans une bassine d'eau trouble qu'il faut m'aider à éclaircir, des bidules coquets t'attendent au labo ; alors finis de te tirer les cartes et reprends le collier.

— Je vais essayer, murmure le démiurge des éprouvettes et des becs Auer.

— D'ores et déjà, il me faut t'arracher une consultation par téléphone.

— Je t'écoute.

— Je suis certain que l'historiette va te faire mouiller. Imagine une petite capsule de plastique de la grosseur d'une gélule pharmaceutique. Elle contient un produit top secret. Par mesure de sécurité, on l'implante dans le bide d'un croquant dont le pedigree ressemble à une flaque de dégueulis d'ivrogne. Et puis le hasard fait que l'implanté reçoit un coup terrible pile à l'endroit de la greffe. La gélule éclate sous l'impact, et au bout de quelques secondes son hébergeur tombe raide mort. Tu aimes ce conte de Noël, la Rouille ?

— Cyanure, émet le savant.

— Pas sûr. Pourquoi prendrait-on des précautions aussi cxcessives, pour dissimuler un produit somme toute facile à se procurer ?

— Exact, bat-en-retraite-t-il.

On réfléchit à je ne sais pas combien la minute, je n'ai pas le barème des communications tubophoniques sous les châsses. Mais au diable la varice, comme dit un de mes amis, toubib spécialisé dans la circulation sanguine.

— Ce que je me demande, reprends-je, c'est si le sieur Proute avait connaissance de ce qu'il trimbalait dans son corps.

— En ce cas, il ne devait pas savoir que ce produit était nocif.

— Ou s'il en avait connaissance, il se jugeait préservé, rêvassé-je. Mais quelle étrange idée que de planquer un objet dans la chair. Une chose aussi minuscule aurait pu être dissimulée dans mille cachettes introuvables : un nœud de cravate, un talon de chaussure, un stylo...

Le Rouque émet un braiment d'âne qui regarde niquer son ânesse par un cheval désireux de produire un mulet.

— Que t'arrive-t-il ? m'inquiété-je.

— Je crois avoir trouvé, Antoine.

— Disez-moi tout, mon général !

— Question de température.

— Comment cela-t-il ?

— Je suppose que le produit devait, pour garder ses propriétés, être conservé à une température constante d'au moins trente degrés !

L'œuf de Christophe Colomb ! Tu sais qu'il a du génie, ce con ? Il mène une vie de gandousier, s'entiche d'une guenuche après avoir planté dix-sept connards à une mocheté, devient neuneu quand sa laideronne le largue, mais question métier, il conserve toutes ses facultés intrinsèches !

— Magnifique ! exulté-je. Je suis sûr que tu as le fin Vermot de l'affaire, ma petite gueule. Et tu voudrais te retirer dans une lamaserie, avec des dons pareils !

Il a un léger rire désenchanté, que je perçois dans le combiné.

— Y a un hic, grand !

— Ah ! non ! Ne casse pas la cabane avant qu'elle soit achevée. C'est quoi, ton objection, Votre Honneur ?

— Tu m'as bien dit qu'on a prélevé la gélule dans la carcasse d'un homme trépassé depuis plusieurs semaines ?

— Fectivement. Alors ?

— Alors elle se trouvait nécessairement exposée à une température bien inférieure à 37 degrés !

Le silence qui suit sa remarque n'est pas de Mozart.

CHAPITRE

Figure-toi qu'après un déjeuner de qualité au *Homard Bleu,* pris en tête à tête avec moi-même (ma table fait face à une grande glace qui me renvoie en outre l'image d'autres clients), j'ai été gagné par une somnolence romaine. Je comporte *like* un vieux barbon terrassé par la digestion. La roupille du notable en fin de banquet. J'en connais. Des qui savent roupiller bien droits sur leur chaise en se payant le luxe d'avoir l'air réfléchi. Une technique !

Le gentil serveur m'apporte un café dont l'arôme me gouzille les fosses nasales (les forces navales), ajoutant à mon bien-être de boa en méditation digestive.

J'entends, en provenance de l'autre côté de la salle, un rire cristallin qui me fait frémir la peau des testicules. Me tire-bouchonne sur mon siège pour sonder les peuplades rassemblées dans le large miroir. Tout au fond, derrière une séparation couronnée de plantes ornementales, j'avise Genouillé, le député, attablé en compagnie de sa femme, d'un gros mec sans cou, sanguin (mai non sans gains), aux cheveux taillés court et en brosse, affublé d'une moustache de nœud, de quelques dents en or sur le devant de la vitrine, et d'un nez qui fut, en son temps, malmené par la boxe, le rugby ou un accident de motocycle.

Outre ces particularités, le convive que je cause porte une veste à gros carreaux jaunes et noirs par-dessus un polo rouge sang-de-bœuf du plus gracieux effet. Attends, Armand : j'ai pas fini. Pour parachever le descriptif, je te signale la présence d'une quatrième personne à cette tablée de bourgeois, celle de la douce Eve que ces glandeurs ont fait boire plus que d'oraison, dirait Bossuet. Le gros la lutine, avec l'agrément (voire sur l'invite) des Genouillé. M'est avis qu'une partie fine est en cours et cuit au bain-marie. Quand la collégienne sera mûre, après les agapes, ce quatuor accorte ira « s'expliquer » dans un boudoir de la magnifique propriété de l'édile.

Cette perspective me fait grimper en mayonnaise. Notre planète habitée l'est franchement par des salauds. Une petite fille l'arpente seule, et la digue du cul se déclenche Dard-Dard. Tout un chacun, à commencer par moi, lui saute sur le poil pour la brouter, la fourrer, la caresser, l'entraîner dans la gigue éperdue.

Le radada est une bourrasque, un simoun qui attise sans trêve les bas instincts. La folie du trou souffle en rafales. On fonce au chibre toutes voiles dehors. Les mains en serres de rapace, la bouche en gouttière. Salauds d'humains que nous sommes !

Me voilà tout à fait sorti de mon engourdissement. Je demande la douloureuse au maître d'hôtel qui me l'accorde dans les plus brefs des laids. Afin que cela aille plus vite, je carme en espèces. Pourliche opulent : « merci-beaucoup-monsieur-c'est-très-gentil » !

Je décris un arc de cercle pour me rendre à la tablée

députière, histoire d'arriver derrière le paravent de plantes vertes. Tiens, ce sont des fausses ! A deux pas, tu te laisses berlurer. C'est dingue le degré de perfection qu'on atteint dans l'imitation de la nature. Bientôt, y aura plus de véritables fleuristes. Déjà j'en sais qu'ont abandonné les végétaux pour leurs répliques ersatz. Tu te prends à respirer des roses de plastique et à effeuiller des marguerites en tissu. Ça va avec la poupée gonflable et le vibromasseur pour gâteries anales. C'est le règne du factice, mon pote. Les baignoires sont légères comme des bidons de coureur cycliste, les murs creux, les pare-chocs en carton, les cercueils en aggloméré (y reste plus que le mort qui soit en viande).

Un instant, je demeure placardé derrière un massif de somptueuses fougères fraîchement sorties de l'usine.

Les Genouillé prennent un malandrin plaisir à voir leur convive (vive le convive le con) promener sa main d'entrepreneur en maçonnerie sur la cuisse de la jolie Eve. Mister Sac-à-merde enhardit (1) jusqu'à se pencher sur la gosseline pour lui placer un suçon de corps-de-métier à la naissance du cou, comme ça, en plein repas !

Oh ! mais tu sais que l'Antoine se laisse aller à la fureur de vivre !

Il intervient. Contournant « le faux muret supportant les fausses fougères », il applique sa dextre gladiateurienne sur la nuque porcine du « corps-de-métier » surexcité et lui plonge la hure dans son assiette de crème brûlée.

(1) Note au correcteur. J'écris bien « enhardit » et pas « s'enhardit ». Merci de votre incompréhension et pardon de vous contraindre à de tels manquements.

Le lutineur lâche sa proie et fait « gnaf-gnaf » dans son dessert, façon goret dans son auge.

— Ah ! ça, monsieur le directeur ! égosille l'élu du peuple, qu'est-ce qui vous prend ?

Et ma pomme, d'une voix de centaure :

— Il me prend que cette jeune fille est mineure, môssieur le député, et qu'en ma qualité de policier, je vous interdis de la prostituer pour servir vos louches combines !

— Vous répéteriez ce que vous venez de dire ? il fait en verdissant comme un poireau en fin de saison.

— Non ! clamé-je, mais je vous mettrai mon poing dans la gueule.

Je joins effectivement le geste à la parole et s'il ne bascule pas à dame c'est parce que, derrière lui, il y a « le faux muret aux fausses fougères ».

Un murmure de stupeur passe sur la conviverie. L'amputé député dépité se tient la gogne. Une mousse rosâtre suinte entre ses lèvres ; sans jouer les pythonisses, je te parie un pansement herniaire contre la peau de tes roustons qu'il vient d'abandonner deux ou trois ratiches dans mon geste de mauvaise humeur.

Je visionne l'édile dans le blanc des yeux (bien obligé : il tourne de l'œil).

— Vous m'avez feinté une fois avec votre voyage bidon à Paris, vous ne me berlurerez pas une seconde. C'est votre pétasse et non votre femme qui a renversé la gosse pendant que vous lui bricoliez le frifri. Si je porte le pet, votre mandat de député ira voltiger dans une décharge publique et vous irez partouzer au bois de Boulogne, comme tout le monde. C'est clair, ou je dois traduire ça en braille ?

Son regard m'exprime la soumission.

— Je pense qu'on finira par se comprendre un jour, assuré-je. Tenez-vous à carreau, mon vieux !

Puis, me tournant vers Eve :

— On va stopper là les cours d'éducation sexuelle. Suis-moi !

Et alors, tu sais quoi ?

Il me vient la chair de poule rien que de te le répéter.

— Foutez-moi la paix, grand con ! elle me sort. J'en ai ma claque des boy-scouts !

Ô Dieu, l'étrange peine...

N'ai-je donc tant vécu que pour cette infamie ?

Il me semble que ça me ferait du bien de mourir un peu ; pas longtemps, juste pour dire.

CHAPITRE

Le motel est davantage silencieux qu'une chaude-lance. Les vacanciers, soûlés de grand air du large, roupillent à qui mieux mieux. Minuit a sonné depuis lulure au clocher d'un village, puis aussitôt après, à celui d'un autre. Le grondement de l'océan n'en a cure et enfle les confins.

Deux plombes que je me tiens à l'affût, tel un chasseur derrière ses fascines. J'ai amené un fauteuil de toile pliant derrière un buisson de lilas et j'attends. Qu'heureusement la nuit est douce comme la peau de mes roustons. Est-ce une grâce du ciel ? Toujours est-il que je ne m'ennuie presque jamais en cours de planque, je crois te l'avoir déjà signalé dans de précédents ouvrages classés monuments historiques. Un don indispensable chez un poultock, fût-il futile et de haut niveau. Je possède la rare faculté d'être une bonne compagnie pour moi-même. Je pense tant, mon pote ! En couleurs ! Et me renouvelle sans trêve. J'ai toujours des choses à me raconter, des conseils à me donner. J'envisage des jolies phrases, des parties de cul à péripéties grisantes, des voyages avec et sans m'man, des prières sympas à adresser à Dieu, des fois qu'Il existerait pour de bon.

La pauvre Grabote est rentrée de l'hosto pour apprendre que son petit crevard avait tenté de se vaporiser une bastos dans le cervelet et y est retournée fissa. J'ai idée que le motel de *La Barque sur le Toit* ne va pas tarder à péricliter, en l'absence de ses proprios. Une affaire qui n'est plus gérée au millimètre prend vite de la gîte. En fait de malheurs en série, elle est servie, la pauvre Cosette. Mais aucun Jean Valjean ne viendra l'arracher de la mistouille. Elle continuera de thénarder, sa vie durant, la demi-sœur de Berthe. C'est son lot. T'as des gens qu'arrivent jamais à s'arracher de la gadoue. Ils sont nés pour la merde comme d'autres pour la brillante réussite, et rien ne pourra leur tenir la tête hors de la fosse septique. La fatalité, que veux-tu.

Je suis bien, par cette nuit de fin de saison, encore douce. La mer que je ne vois pas danser me berce et une torpeur pleine d'odeurs légères m'envahit.

Et puis, au moment que je dodeline, un glissement. Tout de suite aux aguets, le rutilant. Bandé comme un arc d'amazone !

Le bruit se rapproche. Je reconnais un pas d'homme. Une ombre traverse le potager plus ou moins productif que le malheureux motelier essaie de bêcher, à moins qu'il ne confie cette tâche à sa guenon ?

Bientôt, la silhouette du demeuré surgit d'une touffe de groseilliers. Parvenu sur la partie réservée aux cellules des pensionnaires, l'Intello s'arrête. Il y a de l'animal sauvage chez cet être simplet. Il attend un instant, puis, se décidant, marche vers le bâtiment des locataires.

Moi, tu me connais ? Dans certaines circonstances

particulières, mon sixième sens se déclenche. Ainsi, maintenant. Je *sais* à quelle chambre il frappera.

Infailliblement, il va à la fenêtre de la gonzesse pas mal qui bain-de-soleillait tantôt. Tu te rappelles, Emmanuelle ? Une frangine loin d'être locdue, comme presque toutes les vacancières du motel.

Le rideau de raphia qui aveugle la pièce est remonté. Le déplafté se colle contre les vitres et regarde, façon Michel Strogoff avant qu'on lui carbonise les lampions avec une lame de sabre portée à l'incandescence.

Ça doit payer car il tarde pas à dégager la collerette de son bénouze pour sortir sa bitoune à longue portée. Le voilà parti pour le rassis du siècle.

Profitant de ce qu'il est suroccupé, je m'approche à pas de carnassier affamé. En me mettant en biais, je parviens à couler un œil dans la chambre ; suffisamment pour découvrir la pensionnaire des Paray, vêtue d'un peignoir grand ouvert (grand, tout vert) et débarrassée de ses dessous, avec un pied posé sur une chaise, le corps cambré, en train de s'interpréter « Retourne à Sorrente » au médius vibreur. Selon mon entrapercevance, elle est dotée d'un chouette tablier maçonnique, dans les châtain-blond, fendu par l'entrée d'un hangar à pines de couleur « rose humide ».

L'idiot, qui décidément ne fait à peu près que cela dans la vie, se malmène le frein à main avec l'énergie du désespoir. Il est vite récompensé de sa vaillance par un lancer franc séminal qui causerait un accident grave pour peu qu'il atterrisse sur un pare-brise, côté conducteur. L'homme de Neandertal ponctue d'un râle bref, suivi d'un juron d'une grande sobriété car il ne met pas en cause le nom du Sauveur. N'ensuite, l'Intello rengaine ses bas morcifs, pète de bonheur et, sans un regard excédentaire pour son égérie, retourne à sa tanière, le cœur en fête, les couilles vides.

Pas mécontent d'enfouiller le gros lot, je me répète ce que me disait papa, quand j'étais chiare : « Tout vient à point à qui sait attendre. » Je macère dans le genre d'affure où il ne faut rien brusquer. Tu vas, viens, jettes la graine au loin, dirait le père Hugo. Et puis t'attends l'époque dc la moisson.

La petite Eve et son vilain logeur. Le député-chauffard dont la gerce court-bouillonne du réchaud. Les concierges de nuit de l'*Hôtel du Premier Consul.* Le saint-bernard-palissy qui me fouinasse l'oigne. Mathias enchevêtré dans ses amours naufragées. M. Blanc et sa tribu. Et puis maintenant, cette dame pensionnaire, nécessairement mêlée à l'affaire, et qui achète la discrétion du fané de la coiffe en lui montrant sa chatte de gala... Very interessinge.

Tu vois, Eloi, une enquête de ce type, faut se la jouer à la patience. Etre présent et ne rien brusquer. T'as des enquêtes où il convient de secouer la tirelire si tu veux récupérer la mornifle, et puis d'autres, où tu manœuvres comme à la pêche au coup. T'as « engrené » le coin et t'attends, sagement assis sur ton pliant, que le bouchon dansotte et s'enfonce, pour « ferrer » l'animal. Dans le premier, c'est l'énergie qui te fait monter à l'assaut ; dans le second, tu puises dans ton stock de patience pour décrocher la timbale.

Le demeuré parti, je poireaute plus de vingt minutes au clerc de la hune, pas que la vacancière associe la visite que je compte lui rendre à la prestation de l'Intello. Je mets ce laps de temps à profit pour gamberger à bloc, tu t'en doutes. Si l'on parvenait à transformer en énergie nucléaire l'effervescence de mes méninges, on convertirait Marcoule en fabrique de capotes anglaises.

Le moment de poireautage accompli, je m'en vas tocater à la mince lourde de « l'appartement » « 6 ». Mais peut-être que c'est le « 9 » dont la vis du haut aurait lâché ?

Généralement, si tu frappes à des heures induses chez une femme seulâbre, elle te demande de montrer bite ou patte blanche avant de déponer. Là, que tchi ! Elle m'ouvre sans autre forme de procès. L'est toujours en peignoir de bain, nu-pieds, les cheveux relevés pour la noye. Elle tient un très beau livre à la main : « Mémoires de guerre d'un fœtus blasé », du général Durdela, le vainqueur de la bataille de Supermarket, ouvrage préfacé par la comtesse de Paris-Bercy.

Elle me défrime avec une relative complaisance. Je lui vote un sourire plus radieux qu'un lever de soleil sur la baie de Naples au mois d'août.

— Oui, monsieur ? demande-t-elle, non seulement implicitement, mais, de surcroît, aimablement, ce qui est méritoire ; faudrait être le dernier des peigne-culs pour ne pas en convenir.

— Navré de vous importuner au milieu de la nuit, fais-je-t-il d'un ton bourré à craquer d'urbanité, j'ai aperçu de la lumière et m'en suis autorisé pour frapper à votre huis à une heure malséante.

Cette personne est un tantisoit marquée par l'âge et les tribulations de l'existence, mais n'en conserve pas moins un charme certain.

— Vous êtes policier, n'est-ce pas ? s'informe-t-elle,

en ponctuant sa question d'un beau sourire tout empreint d'indulgence et de civisme.

— Je porte effectivement cette lourde responsabilité.

Elle s'efface pour me laisser entrer. Son studio sent la femme, le parfum subtil et l'omelette refroidie (elle doit s'alimenter chichement). Le lit est défait. Quelques dessous féminins sont jetés près de la commode : lingcric rose frangée de dentelle fumée ; tout un poème érotique. Comme il n'y a qu'un siège, elle me le propose et prend place sur le plumard après avoir déposé son livre sur la table de nuit.

Sa jambe droite garde appui sur le sol tandis que la gauche est repliée sous elle. Si j'étais polisson, je laisserais tomber mon mouchoir, ce qui me vaudrait un chouette jeton lorsque je le ramasserais, mais, tu n'ignores pas qu'une stricte correction n'est pas la moindre de mes qualités. Je m'efforce donc de ne contempler que sa partie supérieure, laquelle, honnêtement, ne manque pas d'intérêt.

Mon mutisme engendre un début de gêne.

— Votre visite est professionnelle ou d'ordre privé ? s'inquiète-t-elle sans se départir de son sourire courtois.

— Ma foi, madame, réponds-je, en toute honnêteté je dois convenir que les deux mobiles sont trop enchevêtrés pour me permettre une réponse franche. Bien sûr, les nécessités de mon enquête m'amènent à devoir vous questionner, mais il est certain que je l'aurais fait à une heure mieux appropriée si l'image que je garde de vous, allongée sur un transat en tenue de bain, ne m'empêchait de dormir, je préfère vous l'avouer.

Elle glousse.

— Un policier passant des aveux, ce n'est pas fréquent.

Son regard dégage une lubricité qui fait monter le sang à la tête (de mon zigomar fureteur).

Une pulsion phénoménale sur les bords m'induit à aller manger son mystérieux sourire sur ses lèvres. Et puis, avouons-le-je, j'ai en fraîche mémoire la vision de la gente chaglatte rose qu'elle soumettait naguère aux émois pernicieux du demeuré.

Me connaissant comme tu me connais, sachant par conséquent que lutter contre un désir ne fait que l'accroître, je la rejoins sur le méchant lit. Moult coups de verge l'ont rendu geignard. Je songe aux conséquences sonores d'une forte tringlée. Cela, certes, est monnaie courante dans un endroit de ce genre, mais cette musique est perturbante pour des êtres bien élevés, soucieux de baiser discrètement sans rameuter les populations.

Elle a la présence d'esprit de limiter la cata en se plaçant dos à moi, cannes en fourches claudeliennes, la tête dans la musette, le corps cambré. Ne me reste qu'à lever le rideau de scène pour l'entreprendre ; sobrement d'abord, d'une langue caméléonesque d'agenouillé fervent. Mon organe charnu, fixé par sa partie inférieure à mon plancher buccal, délivre illico à la gonzesse une volée de sensations variables qui, immédiatement, la conduisent à un dépassement de son moi sélectif. Le rythme de sa respiration, des brimborions de plaintes, des gémissements avortés m'apprennent que l'inconnue apprécie mon initiative. Elle mord ses tristes draps de motel à belles dents. Moi, d'un calme inspiré, terriblement maître de la situation, je l'amène à composition très *very* superbement. M'est avis que cette individuse n'a pas pris de fade depuis lurette et que mon arrivée lui procure un sentiment de forte allégresse sensorielle.

En grand scientifique de la bouillave, je modifie mon parcours du combattant, passant, sans crier gare, de la menteuse agile au pouce indiscret dans l'œil de bronze, avec participation des autres *fingers* en déchaînage dans la tranchée des baïonnettes. Là, c'est la phase intense. On s'écarte des sentiers battus pour accéder à l'antichambre du délire. Ma nouvelle partenaire libère des sons très beaux en comparaison desquels ceux d'un violoncelle font penser aux grincements d'un portail rouillé. Je chauffe davantage encore en glissant ma main libre jusqu'à ses seins, généreux puisque j'arrive à joindre les deux bouts. Elle part en pâmade inexorablement. Griffe les draps, tremble de partout, couine, halète, supplie, exige, encourage. Son panard est imminent. Le lui délivré-je séance tenante, ou bien le différé-je davantage pour le lui accorder pleinement par les voies supra-naturelles ?

Elle ne me laisse pas le temps de trancher et se met à madériser d'abondance. En maestro chevronné, je dirige sa prise de fade avec une sûreté impressionnante. La prouesse dépasse celle des flotteurs de bois canadiens qui te livrent une forêt abattue comme ton commis épicier des rouleaux de faf à train.

La dame-donzelle émet un cri en forme de gémissement. Y a de la souffrance dans son panard. C'est un chant d'agonie. Ça remonte les âges.

Ensuite, privée de sa substance, elle glisse du lit et

choit sur le plancher, au risque de s'enfoncer des échardes dans les meules.

Je l'entends qui balbutie :

— C'est trop !

Beau compliment, hein ? Tu te le rappelleras ? Sans avoir utilisé mon joker, mec ! Faut le faire !

Je m'assieds en tailleur, près d'elle. Caresse doucement ses cheveux sur ses tempes trempées de sueur.

Quoi de plus sublime qu'une femme anéantie par la jouissance ? Tu vois, des instants de cette intensité, de cette qualité, faudrait pouvoir les garder intacts ; en faire des confitures pour l'hiver.

La lampe de chevet au triste abat-jour de faux parchemin donne une lumière étriquée. Vingt-cinq watts constellés de chiures de mouches ne te permettent pas de tourner un remake des *Nuits de Cabiria.*

Je me risque à caresser sa poitrine encore drue malgré ses heures de vol.

Et moi, dadais d'homme, de lui susurrer :

— C'était bon ?

On peut pas s'en empêcher, nous tous, les matous. Sitôt que nous faisons mouiller une frelotte, on se prend pour des démiurges, on espère des lancers d'encensoir, les grandes orgues de la cathédrale.

Elle me délivre le satisfecit que j'attends :

— Merveilleux.

Je me penche jusqu'à effleurer sa bouche de mes lèvres.

— Alors vous allez tout me dire, n'est-ce pas, chérie ?

Elle se comporte très bien. Ne crois pas qu'elle sursaute, bondisse, croasse. Non, juste elle soupire, sans abandonner sa voix languissante :

— Que vous dire, grand fou ?

S'il y a une qualification que j'abomine, c'est bien celle-ci. « Grand fou ! ». Ça fait con. C'est indigne d'elle.

— Eh bien, mon Dieu, la vérité, rétorqué-je, mutin. La raison de votre séjour dans ce motel pourri, depuis la mort de votre copain Marcel Proute. Vous attendez, vous espérez quoi, ma très belle ? Quelque chose d'important, je gage. Ça ne doit pas être folichon d'exciter tous les soirs un demeuré pour s'assurer de son silence. Vous ne m'empêcherez pas de penser que l'enjeu doit en valoir la peine.

La dame ne répond pas. Ferme les yeux en plaçant son coude replié sur son visage.

J'attends patiemment. La situasse est confortable. Je me dis que nous avons toute la noye pour régler nos petites affaires, elle et moi. Y a pas le feu au lac.

Comme quoi, je peux me gourer, malgré ma vaste expérience...

Au quart de tour (voire au quart de brie), la petite loupiote glaireuse se fracasse sur le plancher, nous plongeant dans l'obscurance la plus complète.

— J'ai fait un faux mouvement, déclare paisiblement la dame en se mettant à genoux. Ne bougez pas, je vais éclairer l'autre lampe.

Elle tâtonne alentour.

— Attendez, la calmé-je, j'ai une pochette d'allumettes.

Mais pendant que je me fouille, elle continue de « bricoler » sur le plancher.

Tout à coup je morfle une décharge électraque carabinée qui me secoue éperdument toute la couennerie. Rien que je supporte moins bien que le 220 volts. Je sais des gonziers qui t'empoignent sans broncher une clôture à vaches électrifiée. Moi, j'en ai des spasmes jusque dans l'épicentre de mes roustons.

Je voudrais crier, ne puis me décrocher les ratiches. On me les a cimentées ! J'en crève. Et d'en plus, je ramasse un monstrueux coup de contondant sur la malle arrière de ma caberle.

Ah ! les jolies colonies de vacances. Merci, papa ; merci, maman !

CHAPITRE

Avec les pains que j'ai dérouillés sur la cafetière au cours de ma prestigieuse carrière, je pourrais ouvrir une boulangerie. Ma grand-mère me répétait toujours qu'on a la tête dure, qu'avec elle c'est « ou tout l'un, ou tout l'autre ». Un petit coup de goume mal placé (ou trop bien) te fait éternuer ta cervelle, mais par contre, tu peux morfler le dôme des seins valides sur l'os qui pue et te retrouver frais comme un gardon après un léger k.-o.

Jusqu'à présent, malgré des années d'encaissements sur la boîte à idées, je continue d'avoir les méninges opérationnelles. Je sais extraire en un temps record la racine carrée de 16 et suis à même de réciter les stances du *Cid,* et même celles à *Sophie.*

Donc, malgré sa dureté, le coup ravageur de la gueuse ne me raye pas des listes de l'état civil où je continue de figurer parmi les V.I.P., les baiseurs émérites et les flics surdoués.

Cette vacherie femelle reste d'un calme souverain. Au sortir de ma plongée dans le sirop, je constate qu'elle a utilisé mes propres menottes pour me fixer au montant du lit. La chose est franchement désobligeante, surtout venant d'une faible femme. Un illustre policier neutralisé par une gonzesse à laquelle il a copieusement brouté le *green* miniature, voilà qui ne fourbit pas la répute de notre Police nationale dont tout un chacun sait qu'elle est la première à gauche en sortant de la *Brasserie Dauphine.*

La personne ne se hâte pas. Elle achève de se rhabiller très chicos : tailleur noir aux revers de manches rouges. Puis elle sort sa valdingue de sous le lit, y range des vêtements d'été, des maillots de bain, du linge coquin, des produits de beauté, des bouquins. Elle procède sans hâte, avec un calme proche du détachement, kif quelqu'un qui a toute la vie devant soi.

A un moment donné, comme on dit puis dans les quartiers résidentiels de Bourgoin-Jallieu, elle me file un coup de périscope, s'informer d'où j'en suis de ma purée de néant, constate ma lucidité et me virgule un bout de sourire sans joie.

— Navrée que cela ait tourné mal, murmure-t-elle.

— Vous estimez que votre comportement fait avancer le schmilblick ? je lui questionne.

— Pas tellement, mais je préfère que ce soit vous qui ayez ces menottes aux poignets et ces liens aux chevilles.

— Vous ne pensez pas que cela fait un peu désordre, pour un flic ?

— Je crois que ça plaira aux médias.

Elle boudarde sa valdingue.

— Vous pensez sérieusement vous en tirer, petite madame ?

— J'en ai l'intime conviction.

— La France va être très petite pour vous, à partir de demain...

— En ce cas, j'irai ailleurs.

— Hum, ailleurs, c'est loin. Prenons le pays le plus proche : l'Espagne ; il vous faudrait trois bonnes heures pour l'atteindre, en admettant que vous disposiez d'une voiture. Et puis même... L'Espagne, si j'ose dire, c'est pas le Pérou. D'autant que nos polices marchent la main dans la main, bien que nos pêcheurs se foutent sur la gueule.

Elle me vote une moue de commisération.

— Ne vous inquiétez pas pour moi, cher ami.

Mais sa réplique me fait moins d'effet que si la reine d'Angleterre me montrait sa chatte.

— En somme, fais-je, vous abandonnez la partie.

Elle ne rit plus, me mate d'un air glacial.

— Vous croyez ?

— Bédame, comme on disait dans les vieux textes, après des semaines d'affût dans ce motel pourri, à vous plumer consciencieusement, vous déclarez forfait, ou je me goure, belle amoureuse ?

Là, je marque un jeton. Elle encaisse ma remarque de front et ne la trouve pas à son goût. J'en profite pour m'engouffrer par la brèche.

— Voyons, poursuis-je, manière de ne pas laisser refroidir la béchamel, qu'ensuite elle fait la colle ; voyons, ma puce, vous avez mis un bigntz terrible sur pied pour tenter de récupérer ce qui vous manque. Votre complice est mort dans l'aventure, vous vous êtes bassinée plusieurs semaines durant dans cet endroit en comparaison duquel la prison de Fresnes ressemble à Disneyland, et voilà que vous cessez la lutte pour devenir une femme traquée ! Est-ce bien raisonnable, ma jolie petite chatte ?

Mon blabla, sans réellement l'assombrir, arrive en

prise directe à son entendement. Moi qui suis plus psychologue que ton psychiatre, je vois bien que, sans vraiment la troubler, il lui est objet de préoccupation.

— Je suis émue par votre sollicitude, répond-elle à ce beau discours. A présent, vous allez m'excuser, mon ami, mais comme je dois disposer de quelques heures de sécurité, il me faut vous neutraliser plus complètement.

— Entendez-vous par là que vous voulez me tuer? riposté-je-t-il avec tout l'intérêt qu'un individu peut mettre dans une question qui le touche d'aussi près.

Elle se récrie :

— Je ne suis pas une meurtrière, seulement une victime qui se défend comme elle peut et tente l'impossible pour récupérer son bien.

— En ce cas, pourquoi ne ferions-nous pas alliance au lieu de nous combattre? dis-je paisiblement, avec cette logique qui n'est pas le moindre agrément de ma conversation.

— Impossible! laisse-t-elle tomber. Et puis d'ailleurs, il est trop tard, vous le savez bien. Ce fameux point de non-retour, mon cher, que vous devez connaître.

Elle va chercher un gros sac à main de peau blanche sur la commode et en extrait une minuscule boîte de carton maintenue fermée par un élastique. Sort d'icelle une petite seringue munie d'une aiguille qu'elle débarrasse de sa gaine protectrice.

— Rassurez-vous : il s'agit d'un banal hypnotique, essaie-t-elle de me rassurer. Il vous procurera simplement un repos sans vilaines séquelles au réveil.

Voilà. Elle est prête. Je me persuade qu'il serait de

bon ton que je regimbasse. Hélas, je n'ai plus ma liberté de mouvement ; chiant, hein ?

Alors tu sais quoi, Dubois ? Je me livre à une pauvreté peu usitée dans la police. Quelque chose qui ne va pas redorer le prestige de la Maison Brodequins : je me fous à crier « Au secours ! ».

Pas reluisant, pour un chef perdreau, t'es d'ac. D'autant que je le fais dans les règles. Je hurle d'une voix de centaure (dirait qui tu sais) :

— Au secou... ou... ou... rs ! Au secou... ou... ou... ou... ou... rs !

Je la prends un tantisoit à la dépourvance, la dame-de-la-*notte*. Elle s'imaginait que ma langue ne servait qu'à lui titiller le clito. Affolée, et histoire de parer au plus pressé, elle saisit ce qui se présente, en l'occurrence sa valise pleine, l'élève aussi haut qu'elle le peut et l'abat sur ma hure. Du coup, je remise mes appels vu que le bagage m'atteint en pleine poire. J'ai la consternante impression de manger mes ratiches, mes lèvres, et aussi ma langue, pour compléter le panier de la ménagère.

— Sale salaud ! elle grince. Je vais te la faire boucler, moi, ta grande gueule !

Tu te rends compte d'un langage ? Une personne à qui je ratissais la pelouse y a pas un quart d'heure ! La reconnaissance se perd, de nos jours. Une frangine, t'as pas fini de lui bricoler un lâcher de glandes qu'elle est prête à te trucider en te traitant de vilains noms ! Merde, à la fin ! Et les bonnes manières, dis, radasse !

Qu'au moment où elle re-soulève sa valoche pour une seconde estocade, j'opère un rush si formide que le lit à bon marché bascule et que me voilà transformé en tortue de mer avec un sommier de fer en guise de carapace. Dans ce chambardage, la mégère est renversée. Mon cher Dubout serait encore de ce monde, tu verrais comment il traiterait la scène ! La façon dont il camperait son inextricabilité.

— Mais que se passe-t-il ? lance une voix dont je crois la reconnaître, dirait Sa Majesté.

Quelques contorsions opportunes me permettent d'apercevoir le député Maurice Genouillé dans le cadrement de la porte. Mon pain dans sa gueule a proportionné d'abondance.

Il regarde cette scène picaresque. Sa figure endommagée laisse paraître sa perplexiterie.

— Eh bien, qu'arrive-t-il ? demande l'édile.

— Empêchez cette femme de sortir ! lui enjoins-je.

Je dis, biscotte la môme « Tu-me-broutes » marche en direction de la porte. Lui, n'écoutant que son courage et ma requête, s'interpose.

— Laissez-moi passer ! dit la garce en le braquant avec sang-froid et un pistolet sorti je ne sais d'où.

— Ceinturez-la ! crié-je. Au besoin, mettez-lui une patate au menton. Elle ne tirera pas !

Fort de mon ordre péremptoire, le représentant du peuple se jette sur la donzelle.

Brève chauffourée et une détonation retentit, dégageant une odeur de poudre.

Madoué ! comme disaient les Bretons de jadis dans les albums de *Bécassine*. Voilà mon député dépité qui pousse un grand cri de Christ agonisant et s'affaisse. Moi, j'en suis saisi. Et pas par le bon bout, espère !

Ainsi donc, contre toute estimation, c'est bien à

une tueuse que j'ai affaire ? O Seigneur, quel sombre con Tu as produit en ma personne !

— Salope ! égosillé-je à m'en écorcher la gargante.

Et puis ça se corse. Un nouveau venu se présente. Tu sais qui ? L'adjudant Narguilé.

— Arrêtez-la, Francis ! clamé-je d'une voix de stentor vénitien.

J'ose pas poursuivre mon reportage, mec, car t'émettras des doutes. Tu vas gueuler que c'est *too much ;* que je sors de l'admissible. Et putain, ce qu'on est encore loin du compte, voire du vicomte !

Magine, mon cher pote que cette furie, affolée par son acte précédent, réitère et vote une quetsche d'Alsace à mon pote poulardoche, lequel s'écroule comme une bite après l'éjaculation.

Dis, le bungalow commence à devenir exigu. Toi, gland comme un képi de général, tu te dis que c'est fini, le rodéo. Zob ! mon frère. On se croirait dans la baraque foraine de la mer Glandaille. Quand y en a plus, y en a encore ! V'là un nouveau, nouveau, nouveau venu.

Un gonzier peint à l'encre de Chine, avec des lotos énormes, une tignasse à ressort, un beau blouson en simili jean (mais c'est du cuir) de chez mon ami Zilli (que jamais personne n'a su ce qu'était un vêtement sport avant sa venue).

Le temps que mon cerveau soit impressionné et je clame :

— Jérémie... ie... ie !

Car c'est bien lui.

En grande forme.

Et de plus en plus noir dans la médiocre lumière du plafonnier.

Mon cigare qui, ce soir, a la consistance du cervelas truffé lyonnais, cherche désespérément une manière *immédiate* de le protéger. Mais je reste plus désert que le slip d'un doyen du Sénat (1).

Troisième détonation, illico suivie d'une quatrième qui n'a pas la même voix que les trois autres.

La pousse-au-branle de mon copain l'Intello ne pourra plus l'inciter à la débauche solitaire vu qu'il se met à lui manquer une bonne partie de la tronche. L'arquebuse du Noirpiot est d'un calibre avoisinant celui de son zob, alors tu penses si les valdoches qui en sortent travaillent dans l'irréparable.

— Je croyais que c'était peinard, Oléron, il me fait en rengainant son composteur.

(1) Avant, je disais « d'un académicien », mais j'ai, sous la Coupole, quelques potes dont je me plais à croire qu'ils triquent encore.

CHAPITRE

Je ne fais pas trop chier les hôpitaux, mais quand je leur envoie du monde, sans me vanter, ça se bouscule aux entrées.

Pour te faire le bilan du tableau de chasse, laisse-moi impérativement t'apprendre que le Négus n'a pas eu que son blouson de troué. La bastos de la sale pécore lui a traversé le haut du bras de parent pare et ça raisine : un gros serpent rouge se tortille sous la chemise, descend jusqu'à sa main qu'il investit pour transformer l'extrémité des doigts en gouttières. Son raisiné est d'un rouge rubis éclatant.

La foule estivante grossit et moutonne autour de l'hécatombe. Des rombières crient à l'aide. Les plus vieilles qu'ont vu jouer des mélos d'avant les guerres s'évanouissent en « qui mieux mieux ». Les mecs rameutent comme quoi ils sont dans un coupe-gorge, que cette pension est un repaire de truands. Que, s'ils avaient su, ils seraient allés chez leurs beaux-parents, dans l'Ardèche, où les châtaignes sont succulentes. Que est-ce qu'on a droit à des domagintérêts ? Faut qu'ils se groupassent, formassent, constituassent une association ? Prissent un bavard ? Déposassent une requête en vacances gâchées pour cause de meurtres ?

Je profite de ce que tous ces cons déconnent, ce qui est leur droit, voire leur devoir, pour continuer mon funeste inventaire. Jéjé m'a délivré de mes menottes et je me sens léger comme la conscience d'un sadique en train de récupérer les boyaux d'une rentière pour changer les cordes de sa raquette.

Bilan ?

Pas des plus *clean,* mais ç'aurait pu être pire : donc le Noirpiot s'en est capté une dans le brandillon ; la garce est morte ; l'adjudant s'est fait composter un poumon, ce qui le gêne pour raconter des histoires corses ; quant à mon député, sa bastos lui a fait éclater le maxillaire, c'est dire que, durant un certain temps, quand il montera à la tribune, faudra que ses interventions soient faites en sourd-muet. En tout cas, il n'est plus question pour lui de brouter la chicounette de sa maîtresse pendant qu'elle conduit. Je lui suggérerai des manœuvres compensatrices : il a dix doigts, non ? Ou je me goure ?

Bientôt se pointe notre pote le légiste, qu'on est allé quérir chez sa taulière où, décidément, il s'attarde, because le cul et les matelotes d'anguilles de celle-ci.

Le bon obèse se prodigue en houspillant les blessés. Tout en œuvrant, il lorgne le cadavre de la femme qu'on a placé sur son lit.

Il marmonne qu'elle a sans aucun doute les poils du cul châtains.

Bien que je connaisse la réponse à sa question, je m'abstiens de mettre fin à son doute. Même quand l'intéressée n'est plus, j'ai à cœur de rester discret sur ce qui touche à son intimité.

Des renforts de gendarmerie surviennent. Puis les ambulances.

Et des journalistes de : *Ouest-France, Oléron-Soir, Le Rochefortais Constipé, La Rochelle Gougnaffe, Cognac-Dégustation, Les Saintes-Radasses, Angoulême-Nouilles, L'Huître Creuse de Ré, La Moule de Royan, La Compresse Girondine,* et bien d'autres que je m'excuse de ne pouvoir citer, parmi lesquels : *Les Trois Coups de Jarnac, La Branlette de la Tremblade,* Le *Martel Déchaîné de Poitiers* et le *Grand Cru Classé de Bordeaux.*

Au plus intense de la tohubohuterie, je m'esbigne en compagnie de mon bon Jérémie que j'entends convoyer personnellement à l'hosto.

Une plaie au bras n'empêchant pas de parler, chemin roulant il me révèle les résultats de son enquête.

CHAPITRE

C'est la période bénie où, comme on dit dans les vrais romans policiers, style Gaga Christie, les pièces du pucelage se mettent en place.

En cours d'enquête, tu butines, vas, viens, lances la graine au loin. Et puis voilà que ça lève insensiblement et que les cases vides se remplissent peu à peu, te délivrant au fur et à mesure, un motif, vague d'abord, et qui s'étoffe.

— Tu souffres ? demandé-je au Négus qui vient de pousser une plainte.

— Tu as roulé sur un nid-de-poule.

— Pas dessus : dedans ! Puisqu'il est en creux.

— A propos, ta mère m'a prié de te dire que la Ferrari que tu as commandée arrive en début de semaine prochaine.

Bouffée de joie égoïste du passionné de tires que je suis. Un jouet, c'est si futile. Extase du début. L'odeur de cuir neuf. Les six vitesses rangées dans leur célèbre grille. La boule d'acier servant de pommeau au levier… En un éclair, et pour un éclair, une joie de petit garçon m'embrase. D'un seul coup, d'un seul, il n'existe plus que le beau jouet gris anthracite avec des banquettes fauves, son moteur bourré d'une vitesse sauvage en devenir.

— Tu me la laisseras conduire, une fois, une seule ? demande le grand primate des Gaules ; juste pour que je puisse dire à mes enfants que j'ai piloté une Ferrari. C'est tellement mythique !

— O.K. ! accepté-je-t-il, à condition qu'ils ne fassent pas joujou avec !

Avec effroi, j'imagine sa horde noire dans ma caisse, avec ses tartines de confiture, ses Mars, Bounty, pilons de poultock et autres chewing-gums étirés qui sillonnent leur apparte comme des lignes de haute tension.

Mais bon, je diffère mon plaisir. Repenserai à la nouvelle guinde plus tard, à tête reposée.

— Faudrait peut-être qu'on se mette à jour, après ce rodéo impromptu, ma Blanchette. Qu'est-ce qui t'a amené à Oléron à cette heure tardive ?

— J'ai rassemblé des choses qui vont te plaire, promet le Négus.

— Tu es un chouette petit nègre, Jéjé. Y a bon Banania, le complimenté-je.

Naturellement, ça ne le fait pas rire. Manquerait-il d'humour ? A moins que ce ne soit moi, peut-être ?

Un silence crispé.

— Tu as mal ? m'inquiété-je.

— Terriblement. De plus, tu me fais chier. En cet instant, je regrette mes cocotiers et mon manioc.

Je passe ma main sur sa nuque crêpée.

— Je suis un sale con, amendhonorablé-je.

— A l'évidence, dit M. Blanc. Mais est-ce une raison pour sortir des choses aussi lamentables à un moment aussi mal choisi ?

— Je te demande pardon, primate d'élite, et te tends une oreille dégagée de tout cérumen excédentaire.

— Je sais pourquoi feu Marcel Proute est descendu à l'*Hôtel du Premier Consul* du 27 au 29 juillet.

— Moi aussi, riposté-je. Afin de subir une légère intervention chirurgicale de la part d'un médecin plus ou moins marron.

— En effet. Sais-tu en quoi elle consistait ?

— On lui a implanté une minuscule capsule dans la chair de l'abdomen.

Jérémie acquiesce. Il dit :

— J'ai retrouvé le médecin qui a fait ça.

— Chapeau !

— Un toubib radié il y a six ans de l'Ordre à la suite d'actes professionnels moins que pas nets : un certain Strepto Koque, d'origine bulgare.

— Comment l'as-tu retrouvé ?

— Un coup de bol monumental ; tu connais le vieil adage : « le hasard, dieu des policiers » ? Au moment de l'opération discrète, à l'hôtel, Proute, qui était sous anticoagulant et n'en avait pas averti le toubib, a fait une hémorragie. Koque a envoyé quérir de la vitamine K à la pharmacie par un chasseur. Un miracle que je sois tombé sur ce garçon, un autre qu'on ait retrouvé trace de l'ordonnance chez le potard.

J'ai l'impression que sa voix faiblit.

— Tu te sens pâle ? lui demandé-je étourdiment.

Croyant que je le chambre, il balbutie :

— Pauvre con.

Et s'évanouit.

Alors là, je sors mon gyrophare des grandes occases de sous mon siège, le cloque sur le pavillon de ma guinde et me mets à jouer au film américain, ma sirène spéciale donnant tout son jus.

⁂

Une chose que je me rappellerai ma vie Dupont, comme déclare volontiers le Mahousse qui a une dent (sa dernière) contre le patronyme de Durand, c'est cet hôpital empli de « gens à moi », si je puis dire. Qu'on en juge : Berthe, son beauf, Jéjé, le député Genouillé, l'adjudant Narguilé. Peut-être n'est-ce point tout car, lorsque la loi des séries s'y met, tu ne sais plus où elle s'arrête.

Je passe en revue mes troupes sur le flanc. L'édile vient d'être pansé en attendant qu'on l'achemine demain sur Paname où un crack de la chirurgie faciale essaiera de se distinguer en lui bricolant une frime photogénique digne de celle que lui réussit sa chère vieille maman.

A travers la gaze, il me jette ce long regard désespéré que la vache coule sur le taureau qu'un maquignon sans cœur a fait transformer en bœuf.

— Navré de ce qui est arrivé, dis-je, je ferai une déclaration à la presse pour signaler votre héroïsme et vous serez réélu jusqu'à la quatrième génération de Genouillé. Au fait, qu'étiez-vous venu faire au motel de *La Barque sur le Toit ?*

Comme il lui est impossible de parler, je lui propose mon calepin ouvert à une page vierge, ainsi que mon stylo.

Il se soulève sur un coude et écrit de l'autre, comme dirait l'Enfoirure.

Puis, tend le poulet qu'il pond au poulet que je suis.

Votre réaction très vive au restaurant, m'a fait prendre conscience des réalités, lis-je. *J'étais venu vous dire que mon épouse et moi, n'ayant pas d'enfant, allons nous consacrer désormais à cette adolescente dont les parents...*

Il n'a pas eu suffisamment de place pour en écrire davantage, mais j'ai compris.

Je me dis que si par « se consacrer » à Eve, ils entendent lui brouter l'églantine, la gosse va se la donner bioutifoule !

— Je vous souhaite un prompt rétablissement, fais-je en lui effeuillant la marguerite.

Je veux poursuivre ma ronde par le cher adjudant, seulement il est en salle d'opération car on procède à l'extraction de la quetsche qu'il s'est effacée. Je décide de prendre des nouvelles de Jérémie. Il n'est point encore l'heure de visiter Berthe ou son beauf qui doivent en écraser, assommés de calmants.

Le Noirpiot a retrouvé sa lucidité et les deux sulfures lui servant de regard ont recouvré tout leur humour.

Il gît, torse nu, avec un énorme pansement à l'épaule en guise de tricot de corps.

— Mieux ? fais-je, laconique.

— Il y a intérêt. La balle n'a fait que passer. Putain, je ne sais pas ce qu'on m'a versé sur la plaie, mais ça me brûle comme l'enfer.

— Tu penses qu'on peut tailler le bout de gras ?

— Qu'est-ce que je pourrais faire d'autre ?

Il montre un poste de tévé fixé au mur par un bras articulé.

— Y a plus de film hard à cette heure de la nuit ; et

quand bien même y en aurait un, la garde de nuit a soixante-dix balais au moins et ressemble à une piste de motocross par temps de pluie.

Je traîne une chaise jusqu'à son chevalet (toujours le Gravos dixit) et nous voilà partis dans une interminable converse de lardus, profonde et enrichissante, parfois technique, qui contribue à l'élaboration d'une étrange et péripétique aventure.

Mes choses étant ce caleçon, le sommeil bourdonnant à mes tempes, la fatigue coulant son plomb fondu dans mes pauvres muscles surmenés, je finis par m'endormir au côté de Jérémie, le front perdu dans son maigre édredon, vieux petit d'homme au corps momentanément ruiné par l'épuisement et ce mal d'exister qui, dans les cas cacatesques, nous dépèce le mental.

Au matin, une jeune infirmière n'ayant sous sa blouse immaculée que ses poils pubiens pour vêtements, entre et va tirer les rideaux de la fenêtre, offrant à la curiosité du mahomet deux amis en cours d'exténuance : un Noir, douillettement enfoui dans des draps blancs ; un Blanc aux idées noires, abîmé contre le flanc du Noir. Superbe allégorie de la fraternité entre les peuples.

Je conçois l'émotion qu'elle peut susciter chez un être sensible comme tu l'es, aussi vais-je marquer ici une fin de chapitre réparatrice qui nous permettra à toi de te reprendre et à moi d'aller licebroquer, ainsi qu'il est d'usage de le faire au matin quand on est un mammifère civilisé.

CHAPITRE

Ils sont venus. Ils sont tous là. Quel magnifique bouquet de sentiments ! Quelle réunion superbe de cons, de moins cons, de très très cons et de connards : Berthe, Grabote, Bérurier, Pinaud, le brigadier Mangealeuil (suppléant de l'adjudant Narguilé), une infirmière en blouse ras-la-moule, le docteur Hippolyte Dermique (surnommé Hippo Dermique par ses chosesfrères), Ben Melon, de « l'entretien », qui répare le lit de Berthe, endommagé par le poids de son occupante.

Une fresque ! Une allégorie ! Une image d'Epinal (ch.l. du départ. des Vosges). C'est beau — que dis-je : bioutifoule —, c'est grand, c'est très glandu. Ça fait concours de nœuds ! C'est décoiffant, dégradant pour l'espèce humaine ! Ça souille ! Déconcerte et pue !

Avant tout, que je te dise Berthaga. Un monstre ! Tu te rappelles Tristan Bernard ? Tu vois François Nourissier (notre père à tous) ? Eh bien ça ! La même barbe, en plus profus, en plus diffus, en totale surabondance. Elle ressemble à une espèce d'étrange Karl Marx obèse.

Ebloui par ce système pileux complètement inattendu, Alexandre-Benoît en pleure d'admiration ; que dis-je-t-il : d'extase !

— Ah ! ma poule, il sanglote, ce que t'es belle ! Comme ça t'va bien ! L'allure qu'tu vas z'avoir, en robe d'soirée, quand t'est-ce on s'ra invités à la fête d'la Police ! Tu m'excites, si tu voudrais tout savoir ! Rase-toi jamais surtout ! Ces pipes qu'tu vas m'confectionner ! J'aurerai l'impression d'm'faire pomper l'nœud par Victor Hugo !

Il enfouit son beau visage de porc gavé dans le foisonnement dc poils surabondants. S'en repaît. S'en goinfre.

Il reprend, au bord de la pâmoison :

— J't'aime, tu sais. Doré de l'avant, j't'garde pour moi seul. Alfred, ton merlan, j'veuille plus qu'il franchissât le seuil d'not' apparte. C'con s'rait capab' d'te raser.

Pinaud-le-féal, hoche la tête, n'osant se prononcer. Lui, c'est un conforme, un classique. Les singularités de la nature le troubleraient plutôt.

Dans un angle de la pièce, l'humble Grabote, qui n'a pas de petits pois sous la main, égrène un chapelet. Jamais elle n'a autant eu l'air d'une vieille Cosette que Jean Valjean ne serait pas venue chercher chez les Thénardier.

Elle sait que pour elle, c'est la déroute complète : son époux neurasthénique jusqu'à en être devenu suicidaire ; son pauvre motel définitivement déprécié de par les drames qui s'y sont déroulés ; sa ruine consommée, sa santé précaire ; c'est la faillite intégrale de sa pauvre petite vie. Elle est battue, rejetée, annulée par l'existence.

Le brigadier de gendarmerie, un grassouillet pâle, dit au médecin :

— Cette barbe, docteur, vous pensez qu'elle est acquise définitivement, ou bien s'agit-il là d'un phénomène temporaire ?

Le praticien hoche la tête.

— En l'état actuel de la médecine, il est difficile de se prononcer, avoue-t-il.

Le père Pinaud a attiré la mignonne infirmière dans le fond de la chambre et lui demande, avec des formes, si, en échange d'une montre Cartier en or, elle consentirait à se laisser déguster le triangle des Bermudes. Il se dit grand amateur de foufounes, prétend qu'une longue expérience de la craquette a rendu ses prestations uniques. Depuis peu (et j'ignorais la chose), il appartient à la confrérie très fermée des « Taste-chattes » où l'on parle de le nommer Grand Chancelier du Con. C'est lui qui fait passer le concours d'admission des nouveaux postulants.

La gentille enfant feint de rire, mais paraît néanmoins très intéressée par la perspective d'une montre de la fabuleuse maison Cartier qui règne sans partage sur la joaillerie internationale, voire française. César lui donne rendez-vous dans sa Rolls, laquelle est garée dans le parkinge de l'hosto. Les vitres en sont fumées et onc ne peut voir de l'extérieur ce qui s'opère dans l'habitacle. Il descend l'y attendre de ce pas. Elle ne peut se tromper : la voiture est de couleur bronze, immatriculée à Paris, et puis d'ailleurs, c'est l'unique Rolls-Royce qui stationnât jamais dans cet hôpital provincial.

Béru murmure à sa Baleine :

— Et si on dirait aux z'aut' de se barrer et qu'tu m'fisses une bonne manière, mon bijou ?

La Baleine pileuse étudie la propose.

— Ecoute, Sandre, finit-elle par déclarer, avec les minauderies en usage chez la plupart des connasses convoitées, j'veuille bien t'éponger l'aubergine, mais faut qu'tu vas m'promett', n'ensute, d'aller enterrer l'hache d'guerre av'c c'pauv' Ambroise qu'agonise pratiqu'ment au bout du couloir. C't'un garçon qu'a casqué son attribut à la vie, croive-moi. S'il a péché dans les jadis, y l'paye chérot à présent.

Cette requête fige instantanément le Mammouth. Mais sa bourgeoise se montre si lascive, si prometteuse, promenant une langue irrésistible sur ses moustaches à la Cavanna, qu'il fléchit :

— Dès l'instant qu'tu y tiendrais, Berthe, j'voye pas pourquoi j'te donnererais pas satisfaisance. Jockey, ma toute belle, j'vas y accorder ma bénédiction lubie et orbite comme dirait l'pape.

La Grosse en est retournée.

— Sandre, murmure-t-elle, non s'l'ment t'as une énorme bite, mais t'es en outrance un homme d'cœur. J'sus fière d't'avoir pour époux.

Le couple échange un long baiser passionné.

A présent, ne reste plus dans la chambre d'hôpital que les Bérurier, Grabote et ma pomme.

La Cosette du pauvre (!) a un sourire ineffable en remisant son chapelet d'extérieur, à petits grains de riz imitation améthyste. Le Seigneur vient enfin, enfin, enfin, de faire quelque chose pour elle.

— Guidez-moi jusqu'à votre époux, ma bonne, fais-je, et laissons ces amants terribles aux prises avec les tribulations de la chair, comme le disait un éboueur portugais.

Il est temps que nous quittions la pièce : Bérurier, en pleine surexcitation glandulaire est déjà en train d'extraire de ses braies odorantes un mandrin capable de servir également de bitte d'amarrage.

Le couloir de l'hosto est gai comme une vespasienne désaffectée. La présence d'aimables infirmières corrige heureusement la pénibilité de l'endroit.

Près de l'ascenseur, une dame plus que vieille : moribarde, attend d'être conduite aux soins intensifs. Un costaud noir de poil, vêtu d'une blouse sans manches, poireaute devant la cabine en sifflotant la marche de la Légion. Il s'accompagne en imitant un ra de tambour (pléonasme) sur la planchette où est punaisée la feuille de soins de l'agonisante.

Grabote claudique un tantisoit. La fatigue qui se fait d'autant plus sentir qu'elle n'a pas dû changer de slip depuis le dernier téléthon à la téloche.

— Je suis ravie qu'Alexandre-Benoît reprenne des relations familiales avec mon homme, me dit-elle. Une brouille aussi longue, c'est difficile à vivre.

Et d'essuyer une larmichette en voie de développement au bord de sa paupière inférieure.

— En effet, conviens-je, rien ne remplace l'harmonie dans une famille. Les épreuves, quelles qu'elles soient, doivent la souder, non la diviser.

— Vous êtes un homme rare, me félicite cette personne d'abnégation.

C'est sur un tel compliment, dûment mérité, j'en conviens sans cérémonie, que nous atteignons la chambre du gars Paray.

Il la partage avec un chpountz à gueule de ganache fossilisée, dont le dentier macère dans un verre empli d'un liquide rose. Le malade garde les yeux fermés et geint à chacune de ses aspirations. Le frottement de la colonne d'air sur les parois de sa glotte produit un vilain bruit agonique.

Nous passons devant lui pour gagner la couche où le malheureux Ambroise est en train de gésir, farouche et silencieux sous un épais pansement.

M'apercevant, il lui vient la force d'un sourire.

Ses lèvres pâles laissent filtrer un « merci de votre visite » qui me donne envie de pleurer. Il voudrait me tendre la main, mais il est trop faiblard.

— Ne vous agitez pas, mon ami, murmuré-je momentanément compatissant.

Grabote se penche sur son mâle.

— Je t'annonce une visite ! dit-elle.

Puis soucieuse de ne pas faire languir le blessé, elle révèle, très vite :

— Sandre !

Le regard du chétif noircit d'épouvante. Il secoue la tête comme un qui branle le chef et gémit :

— Non ! Oh ! non...

— Affole-toi pas, le calme l'épouse : il vient faire la paix, il l'a promis à Berthy.

— Brrvv brvvv ahouavoufff ! émet la ganache trépassante.

Mais, chacun sa vie, chacun son agonie, et nous passons outre.

— Il a bien fini par comprendre que trop c'est trop, commente Grabote.

Elle se tait car une étrange clameur nous parvient, réverbérée par le grand couloir cavernesque.

Je reconnais le vocifèrement pâmoisesque du Mastard en cours de pipe matrimoniale.

— Arrrrvroum ! Ta barbe, ta barbe, chérie ! qu'il lance à tous les échos, l'homme-goret ! Bon gu, mais j'peuve plus r'tiende ma passion ! C'est trop to muche, darlinge ! Comme si c's'rait le père Tolstoï qui m'taille un calumet ! Vvvvouiiiiiiiiiiiiiiiiiiiiiiiiiiiiiiiiiiiiiiiiiiiiiiiiii !

L'immense cri de délivrance se répercute dans les confins de l'hôpital, meurt sans laisser se régénérer un silence mieux approprié à cet endroit où, habituellement, les plaintes et les cris que l'on entend n'émanent pas de gens en rut.

Nous nous dévisageons, indécis. Ce fut si bref et si intense.

Quelques instants s'écoulent et on toque à la porte.

Béru se présente, radieux, le sourire large, la braguette béante.

CHAPITRE

Il est nimbé, l'époux de la femme à barbe. Dégage une lumière qui n'appartient généralement qu'aux apparitions surnaturelles. Il entre, fait trois pas en direction du plumzingue de son beauf, s'arrête au passage devant celui du voisin de chambrée dont la moribonderie le trouble, hoche la tête en le considérant.

— V'là un gus complèt'ment fané, déclare Son Ampleur. M'étonn'rerait qu'y soye enco' là pour les nouvelles télévisesées du soir. Y feraient mieux d'le ciller diréqu'ment à la morgue ; ça dégagerait l'terrain.

Cet avis, qu'on ne lui demande pas, donné, il vient jusqu'à la couche beaufrèriale, s'immobilise pour contempler à pleines œillées le gisant qui l'occupe.

— Dis voir, murmure-t-il, t'es pas frais non plus, ta pomme. Tu vas pouvoir prend' des fortifiants.

— Alexandre ! balbutie le blessé. O Alexandre-Benoît. Toi, enfin ! Comme la vie a été longue sans ta chère présence !

Il pleure douloureusement. Sobrement. Larmes de martyr qui remuent les âmes les plus endurcies.

Le Magnanime se penche pour considérer l'individu terrassé qui gît sur la couche d'hôpital.

— Alors, t'as voulu t'flinguer, mec ? Et naturell'ment tu t'as raté. T'as jamais pu réussir quoi ce fût dans l'eguesistence.

Ayant porté ce jugement définitif, il donne au blessé une sobre accolade dépourvue de passion.

— Que c'est beau ! Seigneur que c'est beau ! sanglote Grabote. Je n'eusse jamais pu espérer qu'un jour pareil arriverait. Je sens qu'à compter de maintenant, la vie va démarrer sur des bases nouvelles !

Et, me prenant à témoin :

— Vous ne croyez pas, monsieur San-Antonio ?

— Peut-être, admets-je, mais ça dépend de ce que vous entendez par « des bases nouvelles », ma chère amie.

Elle s'écarquille les lotos derrière son rideau de larmes. Je lui tapote l'épaule, puis lui avance l'une des deux chaises meublant la chambre. La pauvre femme y dépose le cul le moins appétissant du monde.

Ensuite je pousse la deuxième chaise en direction du Mammouth.

— Assieds-toi aussi, vieux frangin.

— Et toive ? s'inquiète cet être exquis, pourtant peu soucieux d'urbanité.

— Je resterai debout, je serai mieux pour parler.

Béru place donc quatre-vingts kilogrammes de cul pas très frais sur le siège.

— Tu sais, Broise, attaque-t-il, je t'absolutionne biscotte j'croive en ton innocenterie. Sais-tu depuis quand est-ce ?

— Oui, chuchote le raté.

— Dis-y-l'moi, qu'on voye ?

— Depuis la nuit où tu es venu avec Pinaud me mettre une rouste au motel.

Là, le Mastard fait le grand écart avec sa cervelle.

— Quoi-ce ! Tu nous a reconnus ? On en a pourtant pas cassé une broque !

— Non, mais tu as loufé à plusieurs reprises, Sandre. Permets-moi de te dire que des pets comme les tiens, y a pas deux anus capables de les produire.

L'Insane éclate d'un rire plus joyeux que la cuisson de beignets dans la grande friture.

— Formide ! exulte Gargantua. S'trahir d'la sorte ! Quand est-ce j'vas raconter ça, à la Grande Masure, les collègues en licebroqueront dans leur froc !

« Pourquoi-ve t'as fait kif si qu'tu m'aurais pas r'connu, p'tit nœud ? »

— J'étais terrorisé. J'avais l'impression que t'aurais pu me porter un coup fatal ; déjà que tu m'en as mis plein la gueule !

Le Gravos hoche sa tête de bovin pensif.

— Faut comprend' l'état dont j'm' trouvevais, gars. J't' croiliais dur comme fer empliqué dans c'te béchamel. Mais quand après avoir tout r'mué dans ta crèche, j'n'ai trouvé qu'des factures impayées et des rappels d'impôts, j'ai bien compris qu'v's'étiez pauv' comme zob, Grabote et tézigueman. Qu' donc, mes soupçons tombaient à plat.

— Heureusement, balbutie Ambroise, ta dérouillée a eu au moins ce résultat !

Le Mammouth saisit la dextre de son beauf sur la méchante caroube et la presse.

— Maint'nant que désormais la page est tournée, Broisy, on va r'prend' nos r'lations d'jadis.

— Merci ! bafouille le motelier.

Re-sanglots de sa pauvre Carabosse que ce *happy end* émotionne à outrance.

Bérurier me propose son beau visage radieux de tête de cochon sur lit de gelée.

— Y a d'beaux moments dans la vie, non ? me d'mande-t-il.

Je souris mystérieusement. Il enrogne :

— Bordel, t'es là qui r'gardes, qu'écoutes, et tu n'dis rien !

— Chacun son temps de parole, assuré-je.

— Tu te cailles la laitance sur c't'affaire qu'est pas soluve ?

Il me faut quatre secondes pour faire de son « soluve » le « solutionnée » qu'il s'efforce de suppléer. Ensuite de quoi, je déclare :

— Elle l'est, mec !

— Et tu n'm'en causais pas !

— Je vais.

— J'ouïs ?

Je pose mes deux belles pognes d'aristo de la castagne sur le montant sud du plumard, sorte de barre des témoins improvisée.

— Voici les faits, monsieur le président...

Je coagule ma pensée pour éviter les phrases inutiles. Commence :

— Feu Marcel Proute était un malfrat astucieux, spécialisé dans l'ouverture des coffres de haute sécurité. Le don, quoi, ça ne s'improvise pas. Un jour, dans le tapis où il a ses habitudes, il reçoit la visite d'une frangine de bonne tenue qui a un job à lui proposer : l'ouverture d'une tirelire dans un labo. La somme qu'elle propose est assez confortable pour allécher celui qui allait devenir bientôt le copain d'Ambroise. Il force le Fichet, malgré sa sophistication, prend l'enveloppe qui s'y trouve mais doit, pour assurer sa fuite, estourbir le gardien.

« Comme ce n'est pas son *day* de chance, il se fait serrer le même jour. Seulement, il a juste eu le temps de confier à son frangin, malfrat comme lui, la précieuse découverte. Quand on l'interrogera, il prétendra que le coffre était vide et n'en démordra pas car c'est un cabochard. Et puis c'est les assiettes, la condamnation. En taule, il fait connaissance de l'ami Ambroise. Ils se lient de sympathie.

« Les jours, les mois passent. C'est long. L'univers carcéral fortifie l'amitié des deux hommes. Les confidences finissent par venir. A l'issue de sa peine, Paray est libéré. Son compagnon de « pension » lui demande d'aller voir son frère qui est au plus mal.

« Compatissant et serviable, notre ami s'acquitte de la mission. Il arrive juste à temps car M. Frangin est dans l'antichambre du coltar. Est-ce le frère qui, sentant sa fin prochaine, te révèle où est planquée l'enveloppe, ou la lui as-tu réclamée de la part de Marcel ? Toujours est-il qu'elle entre en ta possession. »

— Mais mais mais non ! s'insurge le rat-mulot.

— Tu sais bien que si ! opposé-je avec cette calme détermination qui tant impressionne les masses populaires.

Et, sans plus m'occuper de lui, je reprends le fil de mon récit :

— Donc, tu es libre, et tu as la fameuse enveloppe. Elle a été décachetée depuis lurette. Ne contient que des textes abscons, mon bon Ambroise, de ces hiéroglyphes modernes que sont les formules de nos physiciens, chimistes ou mathématiciens, c'est-à-dire que, pour toi, ils ne valent pas un pet de lapin. Tu les planques à tout hasard, en te disant qu'un jour, peut-être, tu trouveras l'occasion d'en tirer profit. Le moral ruiné par ta détention, désabusés, vous décidez de vous mettre au service d'une juste cause, Grabote et toi. Vous partez accomplir l'œuvre rédemptrice de votre existence. Alors c'est l'Inde et ses déshérités. Bravo ! Une telle démarche est à inscrire à votre crédit.

Je considère mon auditoire passionné. Ils sont là, tous les trois, béants d'attention, les yeux en boules de loterie nationale, la bouche écarquillée et saliveuse.

J'adresse un sourire en arc de cercle à ce trio captivé.

— Intéressés, hein ? leur dis-je-t-il.

Et de continuer, courageux, inexorable :

— Pendant votre vie d'apôtres, vous avez souvent repensé à la fameuse enveloppe. Elle vous tracasse, vous ronge la pensarde. Vous sentez, que dis-je, *vous savez* qu'elle est détentrice de richesses : les coquins ont un sixième sens qui les avertit de ce genre de chose.

« De retour en France, alors que le gars Marcel Proute est encore dans sa geôle, à la recherche du temps perdu, vous entreprenez une opération de grand style que, pour ma part, je trouve vachement gonflée : vous nouez des contacts discrets avec le labo où furent volés les documents. A la vérité, j'ignore tout de vos tractations à ce point de l'enquête, mais nous débroussaillerons cela rapidement.

« Vous traitez donc avec les établissements Vissmerbaum et Gotha Inco. De quelle manière vous y prenez-vous ? Quelle garantie de sécurité parvenez-vous à vous faire donner ? Dans quelques jours, tout sera « propre-en-ordre », comme disent mes amis suisses. Toujours est-il que vous obtenez satisfaction moyennant finances. Las ! Les choses cahotent car il manque au puzzle restitué une pièce maîtresse, à savoir une minuscule ampoule qui était jointe aux documents et qui a disparu. C'est donc seulement une partie de la rançon qu'on vous donne, en attendant la remise du complément, autrement dit la fameuse gélule. »

Je vais prendre une bouteille d'eau minérale non entamée sur la table de nuit du moribond voisin et en sèche d'une traite la moitié. Je me déshydrate de la menteuse, moi, à jacter comme un prof d'université.

Les trois statues de cire qui me font face ne bronchent pas d'un poil de zob.

— J'ignore combien vous avez obtenu des documents, probablement un joli magot, mes deux camarades. Que faites-vous alors ? Vous filez au Canada, histoire d'y recommencer votre vie. Vous lancez-vous vraiment dans la fourrure, la chasse ou autres entreprises, comme vous le prétendez, nous le saurons également bientôt. En tout cas vous y planquez le pognon déjà affuré grâce à la restitution des papelards. Mon collaborateur Jérémie Blanc a découvert que vous avez un compte dans une banque du Québec, lesté d'un demi-million de dollars. Ça peut servir pour vos vieux jours, pas vrai ?

Le silence de mes terlocuteurs devient pesant, compact, monolithique. On a l'étrange impression que la mort rôde dans la chambre. Est-ce à cause du vieux kroum, dans le pageot voisin, en train d'avaler doucettement son extrait de naissance ? Selon moi, il changera de planète avant la nuit, le pauvre gazier. Il est de plus en plus en partance.

Un court instant, je sifflote *O Sole mio* entre mes dents, comme souvent dans mes périodes d'exception. Et là, j'en vis une.

Puis, me voilà reparti :

— Pourquoi le Canada ? Je risque des suppositions ; ce sera à vous, ensuite, d'apporter d'éventuelles rectifications. Vous avez appris que le frangin de Marcel Proute y avait séjourné longtemps avant de revenir crever en France. Vous allez au pays de Maria Chapdelaine non seulement pour y placarder votre magot, mais aussi pour y chercher l'ampoule. Votre avis est que « M. Frère » l'a mise en sûreté là-bas.

« Bonne déduction, mais qui vous foutra dans la merde, car vous êtes incapable de récupérer l'ampoule du « Graal » ; de plus, en agissant ainsi, vous allez mettre la puce à l'oreille de Marcel quand il sera élargi. D'autant qu'il n'est pas seul à phosphorer. Quelqu'un l'attend à sa sortie du trou ; quelqu'un qui fut le maître d'œuvre de ce coup fumant et qui surveille la réapparition de votre ami de cellule, mon cher Ambroise, croyant qu'il détenait toujours les butins résultant du vol au labo. Peau de balle !

« C'est alors que le doute naît dans l'esprit de Proute, vous concernant. Apprenant votre séjour au Canada, il y part à son tour. Son enquête, à lui, sera plus fructueuse. Faut dire qu'il connaissait son frelot, ses goûts, ses habitudes. Refaisant le périple du défunt, retrouvant ses relations, les lieux qu'il a fréquentés, il parvient à récupérer la fameuse épingle qu'est l'ampoule, dans l'énorme botte de foin qu'est le Canada. »

Je savoure au passage la beauté et la hardiesse d'une telle métaphore qui laisse de glace mon auditoire restreint, mais passionné.

Allons, finis-en, mon Antoine. Songe à la belle Ferrari qui t'attend, récompense d'une enquête étrange, aux péripéties nombreuses. Tu vas en lever, des moukères, au volant de ce beau carrosse ! J'en humecte déjà mes lèvres et la partie frontale de mon beau slip blanc à liseré pervenche.

— Pendant ces tribulations, mes braves amis Paray, poursuis-je, vous avez sagement décidé de vous installer dans une courageuse médiocrité en reprenant ce motel pourri. C'est le genre d'entreprise qui fait vrai, qui a une allure d'innocence. On est presque attendris par la vaillance que nécessite cette frugale exploitation. Affaire de bricoleurs, de semi-paumés. Reconversion de gens harassés que l'existence a détruits. Belle carouble, mes chers petits !

« Et puis l'ancien compagnon de cellule qui eut le tort de se confier, revient du Canada avec l'ampoule. A-t-il parlé de sa trouvaille à cette étrange criminelle qui tire les ficelles depuis le début ? Le saurons-nous jamais, maintenant que les deux protagonistes sont clamsés ? Personnellement, je suis convaincu que non. En bon truand, Proute décide de faire cavalier seul, et de planquer sa précieuse trouvaille. Mais où ? Il lui faut une planque qui lui permette de se déplacer avec l'ampoule sans qu'on puisse la lui chouraver. Elle est si minuscule qu'il a un trait de génie : sa viande.

« Il connaît un toubib marron à Pantruche ; il le

contacte, le paie pour qu'il lui implante l'inestimable objet dans la chair. Intervention bénigne. Voilà le petit malin en possession d'un trésor auquel son propre corps sert de coffre-fort. Peu banal. Maintenant, s'il met la main sur l'autre partie, c'est-à-dire la partie technique, il décrochera la timbale. Je sais, d'expérience, que, pareils aux flics qui les pourchassent, les truands ont un bon pif. Pour cézigue, il a eu la sottise de se confier à Paray, c'est donc probablement lui qui a engourdi la formule.

« Avec la mystérieuse créature dont je ne sais pas grand-chose, sinon qu'elle a un beau cul et pas froid aux yeux, il fait le siège de *La Barque sur le Toit.* Le couple a décidé d'agir sans se presser. Il ne veut pas risquer un ratage par trop de précipitation. Alors, à distance, il fait le siège du motel. »

La gargante en feu, je retourne biberonner la flotte du moribond. Tiens, il a les yeux ouverts et me regarde d'un air furax. Peut-être qu'il ne va pas défunter tout de suite, mais remettre son projet à plus tard ? C'est son problème. Je lui souris en éclusant sa flotte. Ensuite, je lui déclare que je remplacerai son eau minérale par du champagne ; mais il a l'air de s'en torchonner l'oigne.

Je reviens « à la barre ». Les deux époux sont plus verts que le costar du dimanche de mon pote Hercule Poirot-Delpech. Ils ont du mal au cœur de trop de vérité assénée devant Sa Grassouille Majesté Béru Ier, roi des Cons.

— C'est presque terminé, j'annonce. Juste pour vous donner un complément d'explication, mes gentils salopards. Vous, Ambroise, ne vous êtes pas aperçu de la surveillance dont vous faisiez l'objet de la part de Marcel Proute, mais votre bergère, si. Pas vrai, dame Grabote ?

Le verdissement de la « pas-de-bol » s'accentue, la voilà chlorophyllisée de fond en comble. Peut-être qu'elle va évanouir, tu crois ?

— Donc, reprends-je, le guet de l'ancien taulard ne vous a pas échappé. Vous avez réalisé le danger et décidé d'en finir sans souffler mot à votre jules. Alors que faites-vous, ma très belle ? Vous prenez le pistolet qu'Ambroise planque en cas de coup dur. Faisant le grand tour et, avec mille précautions, vous gagnez la clairière servant de poste de guet à Proute. Quand vous êtes près de sa planque, vous constatez qu'il dort. Du moins le croyez-vous car, en fait, le digne homme est déjà mort, foudroyé par la capsule qu'il hébergeait dans sa viandasse.

« Votre émotion est bien trop intense pour que vous vous aperceviez de la chose. A votre avis, le truand roupille, simplement. Sans un bruit vous vous approchez de lui et lui logez une bastos dans le corps. Puis persuadée de l'avoir buté, vous rentrez, essuyez soigneusement l'arme avant de la remettre en place. D'après vos aimables perspectives, votre bonhomme sera fatalement accusé du meurtre. On l'enchristera, pour longtemps cette fois, et vous n'aurez plus qu'à aller palper la bonne galette au Québec.

« Tout de même, vous craignez que sa culpabilité ne soit pas réellement évidente. Vous voulez que la chose soit in-dé-niable. La nuit suivante, quand tout repose dans Boz et dans Jérimadet, vous vous levez, prenez la remorque à vélo sous la remise et allez récupérer le cadavre. Peut-être avez-vous administré un somnifère à votre mec pour être plus tranquille ? Toujours est-il que vous ramenez le corps de la forêt et puis, toute faible femme que vous semblez être, parvenez à le hisser sur le toit. Il ne reste plus que d'attendre. Le temps travaille désormais pour vous. Beau boulot, ma petite dame ! »

Je me tais. Le silence qui continue de siffler dans mes baffles va cesser, je pressens. Le ciel est trop chargé d'effroyables orages pour le tolérer davantage.

Effectivement, ça commence, doucettement.

Béru qui murmure, à peine audible :

— Je savais... C'tait fatal... La merde ne peut donner que du fumier...

Posément, il enlève son veston, le jette sur le lit du gâteux agonique. Il paraît désemparé, l'espace d'un bref instant. Comme s'il ne se rappelait plus son nom, ni le lieu où il se trouve. Son regard semble brouillé. De la bave s'écoule de son groin. Et puis, un soubresaut d'électrocuté le fait bondir de lui-même. Il pousse ce hennissement étrange, intense, qu'il émet en éjaculant.

C'est un cri de kamikaze drivant sa torpille sur un destroyer amerlock. Une sorte de clameur dantesque qui fait trembler les vitres de l'hôpital.

Il se jette sur Ambroise, rabat ses caroubles, l'empare à poignées sans que cesse son hurlement de mort. Il le décolle de son matelas, l'élève bien haut et le balance par la fenêtre ouverte. Le chétif joint son cri de détresse éperdue à celui de son bourreau et disparaît.

Incomblé par son acte, le Mammouth cueille ensuite la Grabote « avec sa chaise », et lui fait suivre le même chemin avant que j'aie eu le temps d'interviendre.

On perçoit des clameurs, au-dehors.

En titubant, je gagne la croisée et regarde le désastre.
— Il le fallait, assure le Gros ; il le fallait.
— Oui, je comprends, fais-je. Mais c'est tout de même une chance que nous soyons au rez-de-chaussée.

FIN

FAX DE XAVIER MATHIAS À SAN-ANTONIO

Je suis entré en contact avec les laboratoires Vissmerbaum et Gotha Inco qui proposent d'acheter le cadavre de Marcel Proute pour récupérer les restes de la substance.

Il s'agirait d'un produit de contamination à effet terrifiant, capable de décimer tout ou partie de la planète. Te tiendrai au courant.

RE-FIN

SAN-ANTONIO

ŒUVRES COMPLÈTES

A NOUVEAU DISPONIBLE
A PARTIR D'AVRIL 1995

**Les 23 tomes
des Œuvres Complètes
de San-Antonio
en cours de publication**

A paraître en octobre 1995

Le tome XXIV

FLEUVE NOIR